The Time of Your Life

Reflections on Growing Older

Herb & Mary Montgomery

Winston Press

Acknowledgments

Listed in order of appearance:

From the Summit of Years Four Score by Samuel Ullman, author and publisher
On Becoming a Person by Carl R. Rogers, Houghton Mifflin Company
The Secret Strength of Depression by Dr. Frederick F. Flach, Lippincott
Passages by Gail Sheehy, E. P. Dutton
You Learn by Living by Eleanor Roosevelt, Harper & Row
Jacqueline Grennan Wexler's quotation from *The Good Life*, Hallmark Editions
The Wonderful Crisis of Middle Age by Eda J. LeShan, David McKay Company
"Meaning for My Days" by Joan Mills, *The Reader's Digest*, January 1977
Successful Aging by Olga Knopf, M.D., Viking Press
The Meaning of Persons by Paul Tournier, Harper & Row
"Take a Chance" by Walt Disney, from *The Best of Words to Live By*, Essandess Special Edition, a division of Simon & Schuster
Successful Living Day by Day by Nelson Boswell, Macmillan
How to Survive the Loss of a Love by Melba Colgrove, Ph.D., Harold H. Bloomfield, M.D., and Peter McWilliams, Leo Press
"Tit-Bits" by Faith Forsyte
The Testimony of the Soul by Rufus M. Jones, Girard Bank
Freedom to Be by Everett Shostrom, Ph.D., Prentice-Hall
The Best Years of Your Life by Leopold Bellak, M.D., Atheneum
Personality: A Psychological Interpretation by Gordon Allport, Holt, Rinehart & Winston
Age without Fear by Charles Degen, Exposition Press
My Life for Beauty by Helena Rubinstein, Simon & Schuster
Born to Win by Muriel James and Dorothy Jongeward, Addison-Wesley Publishing Company
A Child to Change Your Life by Thomas D. Murray, Alan Bailey Press

Photographs by

Berne Greene: 5
Herb Montgomery: 7, 39, 64
Camerique: 9, 20, 24, 27, 44, 49, 52, 56, 59
Jean-Claude Lejeune: 11, 12, 16, 35, 36, 60
John Arms: 15, 51, 55
Diana S. Palting: 19
Freda Leinwand: 23, 41
Barbara Baker: 28
Rick Smolan: 31, 43, 63
RELIGIOUS NEWS SERVICE PHOTO by Ray Carlson: 32
Rohn Engh: 47

Copyright © 1977 by Herb & Mary Montgomery
Library of Congress Catalog Number: 77-78258
ISBN: 0-03-022971-5
Printed in the United States of America
All rights reserved. No part of this book may be reproduced in any form or by any means without written permission from Winston Press, Inc.

Contents

4   The Beginning

6   What It Means to Grow Older

10   The Gift We Discover

14   Letting Go and Moving On

18   Recognizing a Beauty of Spirit

22   Growing through Aloneness

26   The Rewards of Caring

30   Coming to Terms with Guilt

34   When We Fail

38   Developing an Attitude toward Death

42   Finding Inner Peace

46   Stop Trying to Change for Someone

50   Some Myths about Aging

54   Never Too Old

58   Retire to Something

62   Alive to Life

The Beginning

A few years ago, while my wife Mary and I were cleaning up after a day of house painting, one of our children said, "Dad's still got white paint in his hair." I pointed out that what they were seeing was not paint but a swatch of gray that they just hadn't noticed before. All three children examined my hair with a kind of morbid fascination and then fell silent. A day of painting had become a time for sharing the insight that people are not forever youthful; that, if we have life, aging is inevitable.

In *The Time of Your Life*, Mary and I look at what it means to grow older. We see it as a lifelong process and not as something that begins at sixty-five or some other arbitrary "old age." Given reasonably good health, a basic income, and the companionship of caring people, we can find joy and fulfillment in our passage through life. Along the way we'll discover that growing older reveals in us a new person at every age.

"When two people do the same thing, it is never quite the same thing," observed Publilius Syrus a long time ago. So it is that our attitudes toward, and experience of, growing older vary. Statesman Bernard Baruch remarked, "I will never be an old man. To me old age is always fifteen years older than I am." Anthropologist Margaret Mead said, "I fully intend to die, but I have no plans to retire." Salvation Army leader Evangeline Booth believed that "it is not how many years we live, but what we do with them."

Growing older involves us in learning how to make the most complete use of all that we have learned and experienced. It is a time to be comfortable with ourselves and a time to let our warmth and the light of our wisdom shine through for others. Movie director Ingmar Bergman likened aging to climbing a mountain. "The higher you get, the more tired and breathless you become," he said, "but your view becomes much more extensive." Our hope is that reading *The Time of Your Life* will brighten your spirit and extend your view of what it means to grow older.

Herb Montgomery

What It Means to Grow Older

We spend our youthful years waiting to be "old enough." Old enough to date, old enough to drive, old enough to leave home. During our youth, growing older is a most welcome experience because along with each year come ever-increasing physical strength and personal independence. Then, at last, the time comes when we may outdistance our parents—grow taller, stronger, smarter, or possibly more sensitive—and the realization of this gives us a taste of power. That sense of power expands as we begin to command our own life and move steadily away from what seem to have been the restraints of parents and society.

But the milestones of the golden birthdays at thirteen, sweet sixteen, and the legal age of eighteen or twenty-one are rather different from what many people experience as the millstones of thirty, forty, and sixty-five. Growing older in a country that glorifies youth creates within all of us a shadowy enemy called age.

When aging becomes more than a reasonable concern and actually disturbs us, we may try to ignore it and focus instead on restoring our youth. If staying young obsesses us, we deny our humanity and ignore the growth that's possible. Time is meant to have a seasoning effect on us as we move from one plateau to another. With age, we can become wiser, gentler, more tolerant, more patient. But these qualities do not necessarily develop with age! They will, though, if we make slight shifts and changes with the passing years and open ourselves to maturity's potential.

To be a maturing person is to be in constant motion through the birth-life-death cycle. Growing older will be a difficult and worrisome experience if we attempt to deny it. But, if we accept the added years with grace and insight, aging can be as natural and normal as the changing of the seasons. We are meant to develop one day and one year at a time, taking with us the best of every age. If we can do that, age will no longer be our enemy. It will be our guide.

Whether sixty or sixteen,
there is in every human being's heart
the love of wonder,
the sweet amazement at the stars
and the starlike things,
the undaunted challenge of events,
the unfailing child-like appetite
for what-next,
and the joy of the game of living.
You are as young as your faith,
as old as your doubt;
as young as your self-confidence,
as old as your fear;
as young as your hope,
as old as your despair.

Adapted by Douglas MacArthur from the writings of Samuel Ullman

The Gift We Discover

Only under the most unusual of circumstances do people age dramatically in a short time. For most of us, getting older involves gradual changes that creep up without our realizing it. The smile lines around the eyes, the shifted weight, and the grayed strands were not sudden occurrences. They happened so gradually that our daily glances into the mirror didn't reveal that our appearance was changing permanently.

It's usual for others to notice that we're aging before we see the truth for ourselves. For example, going to a reunion of friends or classmates after several years apart makes us immediately aware of everyone's physical changes. Do we really know all these older people is a question that sweeps through our mind. It usually takes only a few moments of conversation to realize that, yes, indeed, we do know them. Although their appearance has changed, much about their personality is still the same.

Then comes self-scrutiny. If all those others immediately looked older to us, then we must have looked older to them, too. This may be the point at which we begin wrestling with an important idea. How can we look older to others—and even to ourselves—and still *feel* so young?

Many of us have a hard time believing we have reached an age we once considered old. At seventy-three, French writer André Gide said he had to keep telling himself over and over that he had lived so many years. Even then it was difficult for him to persuade himself of the fact.

This ability to think of ourselves as "not old" is one of the gifts we discover with the passing of time. To feel not old at thirty or fifty or seventy enables us to continue planning for tomorrow while enjoying the way we are living during the present. It is a gift of hope that comes wonderfully alive in us whenever we look away from the mirror and busy ourselves with life.

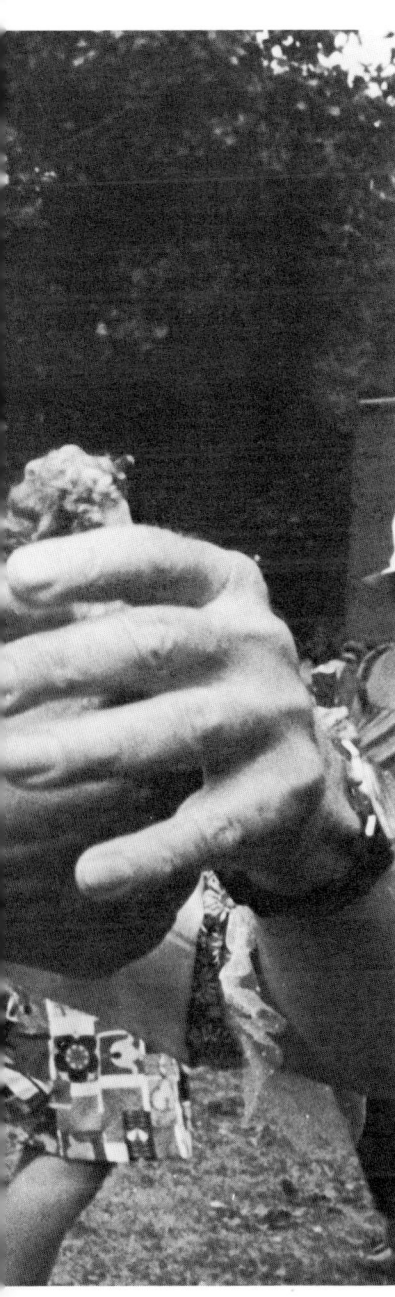

The good life is a *process*, not a state of being.
It is a direction, not a destination.

Carl R. Rogers

Letting Go and Moving On

Change is one of the few things in life that is certain. The world changes. Relationships change. Situations change. We change. At twenty-five, we are not the same person we were at fifteen; at fifty, we are quite different from the woman or man we were at thirty. Time alters our attitudes and goals as well as our appearance. Dr. Frederick F. Flach wrote that "every transitional phase of life from childhood to marriage to old age requires some degree of giving up and letting go."

Giving up and letting go when the time has come to do so is rarely easy. It requires that we grow, and with growth there's bound to be some hurt and heartache. Altering old beliefs is painful. So is turning away from what is safe and familiar. But not to change—to hang on to what was—exacts a high price. In refusing to let go of the past, we fail to find meaning in the present and in the possibilities of each new day.

Certain crucial events mark the end of one phase of life and—if we allow them to—the beginning of another. The event may be the death of someone close to us, the dissolution of a marriage, a move, a child's leaving home, retirement. When any crucial event occurs, we need to ask ourselves the question are we going to hold on to what was or move on with what is.

Winds of change collapse the rigid towers, but they only sway the firmly rooted trees. Like the trees, we have a built-in flexibility that enables us to face a great many stormy times. Accepting the challenge of change frees us to examine what it is we really want to be and do in the next phase of life.

There is only one way to turn every ending into a fresh beginning. That is to make a friend of change. By doing so, we're able to let go of the familiar and move on, bringing our full attention to whatever comes next.

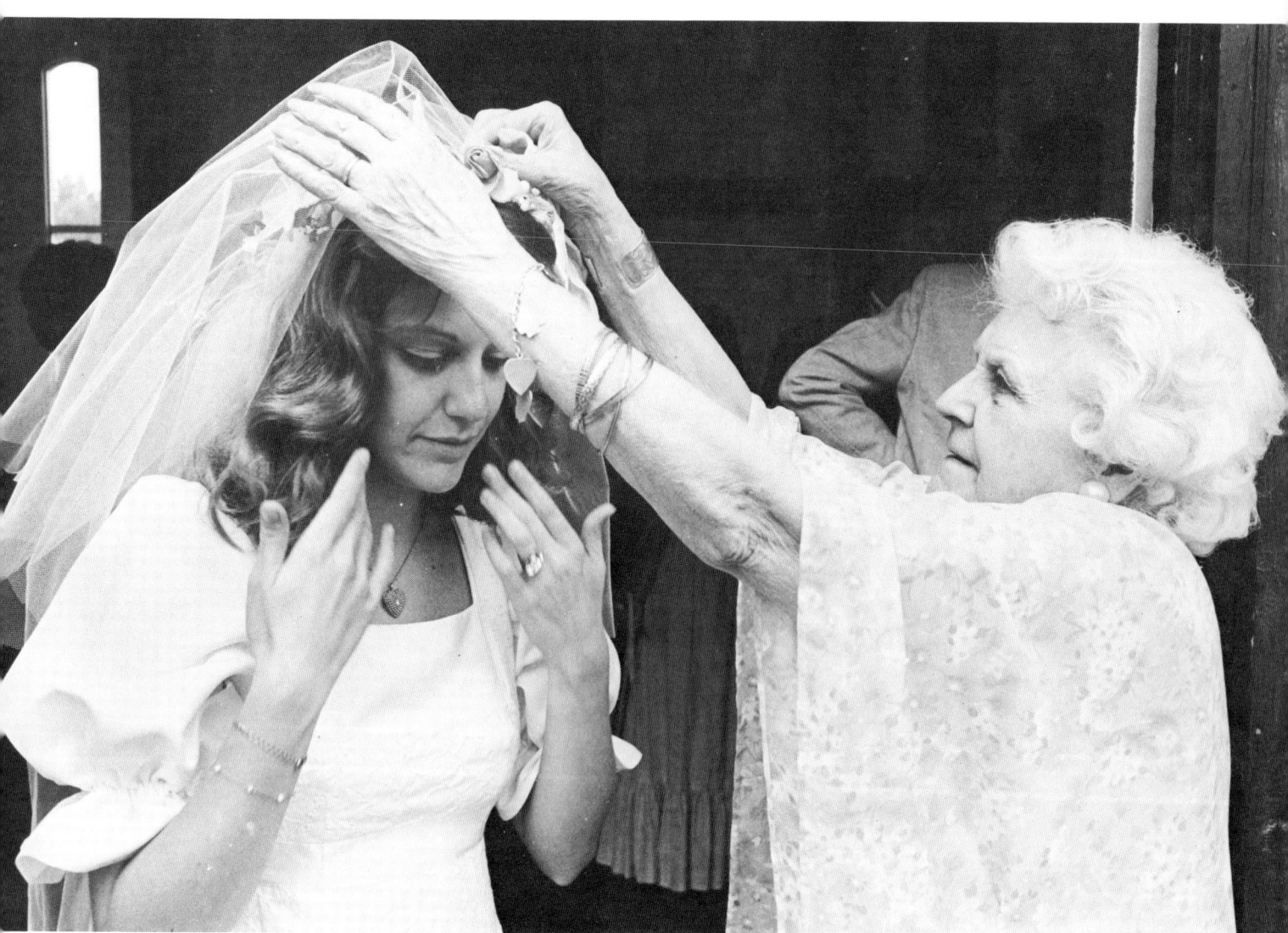

The work of adult life is not easy. As in childhood, each step presents not only new tasks of development but requires a letting go of the techniques that worked before. With each passage some magic must be given up, some cherished illusion of safety and comfortably familiar sense of self must be cast off, to allow for the greater expansion of our own distinctiveness.

Gail Sheehy

Recognizing a Beauty of Spirit

Hilda Hagen was our children's great-grandmother. Her life touched what seemed to be two extremes of history, extending more than ninety years from a horse-and-buggy childhood and life in a sod house on the prairie well into the age of high-rise apartment complexes and jet planes. After her first flight, she was asked what she thought of traveling by air. "Oh," she exclaimed, "I like flying high!"

Near the end of her life, Hilda knew some hard days, but within her there was still a spirit capable of flight. We brought our young daughter to her for one last visit. By this time, Hilda's vision was blurred and she was dependent on her sense of touch. She smiled as she felt the contours of her great-granddaughter's face and held her small hand. Later, on our way home, our daughter said, "She's still nice on the inside, isn't she?"

In our childhood we, too, saw life with this freshness of vision. Once people had won our trust, we were able to see past their outward appearance to what they really were like on the inside.

As we look back and search our individual pasts, most of us recall at least one warm experience that came from contact with an adult. It might have been a relative who had a lap just made for sitting on, a neighbor who let us climb an apple tree, or a visitor who always brought peppermints.

What did we see in those "nice on the inside" people who seemed old when we were young? A gentle touch? Was it their gift to us of time? Or a sincere concern for our needs? Although their skin may have been a little wrinkled or their faces a little faded, we recognized a beauty of spirit. Those people had a specialness about them that we sensed then but even now cannot fully communicate.

As we grow older, we must decide whether or not to develop and share those same qualities that, as children, we recognized and enjoyed. When we do, both young and old will see that, although the outer beauty of youth may diminish, our inner beauty not only stays with us but can actually deepen.

There is no experience from which you can't learn something. When you stop learning, you stop living in any vital and meaningful sense. And the purpose of life, after all, is to live it, to taste experience to the utmost, to reach out eagerly and without fear for newer and richer experience.

Eleanor Roosevelt

Growing through Aloneness

A biographer of Charles Lindbergh said that Lindbergh had the ability to be alone without being lonely. Too frequently, we equate aloneness with loneliness. Loneliness is being alone when we don't want to be. It's an aching void that cries out to be filled. Aloneness is a choice. It's something we seek in order to develop our inner resources and renew our sense of who we are and where we're headed.

The tendency of most of us is to be so busy doing that it's hard to take time for just being. We may even have to admit that busyness is a cover-up for our fear of being alone. If so, we might ask what it is that we fear. Perhaps we've lived according to what we think we should feel and are afraid of discovering our real feelings. Maybe we'll realize that we've placed more importance on making others like us than on liking ourselves.

There is only one person who is sure to be with each of us for a lifetime and that is one's self. We need to get to know and like who we are.

Finding time to be alone and make friends with ourselves can be difficult in noisy, busy surroundings, but it's not impossible. We might do it by going for a drive or a walk or by finding a place of solitude where we can be alone with our thoughts. Aloneness gives us time to recall the aspirations we had in younger years and bring them up to date. When we are alone, we have time to recreate what is most unique about us. There is something good within each of us that is freed by a change of pace. That change of pace may call us to gaze at a star-filled sky or turn to our God in prayer. It may require daily meditation or an annual vacation retreat.

Being alone on purpose and with purpose can come to be the most enriching experience of our lives. Through contact with our innermost feelings, we learn to appreciate ourselves and our own company and to see more clearly the direction we must take in order to grow.

I repeatedly discover and savor life in my daily search for personal wholeness, personal integrity. In that sense, life itself is the good life.

Jacqueline Grennan Wexler

The Rewards of Caring

At various times in our passage through life, we feel a hollowness. The children may have left home, or we've retired. Our business has failed, or a promotion has passed us by. Goals that once seemed so important have lost their meaning. What will enable us to regain perspective and give the days ahead a sense of purpose?

Famed cellist Pablo Casals lived his many years with the belief that the ability to care gives life its real significance. Caring is a concern for what lies beyond ourselves, and it can take many forms. It may involve a deep regard for the protection of the environment, for the rights of the retarded, or for the preservation of an historic site. Caring may lead us to be part of a protest at city hall or to do something for a grieving friend.

Caring is a form of love. Family counselor Eda LeShan said that "life has meaning for us only so long as there is loving—some kind of serving the needs of others."

A widow who found emptiness in her days turned to tutoring without pay. A retired executive devoted his time to raising funds for a private college at a fee of one dollar a year. A single, middle-aged woman left a comfortable life in New York to open an orphanage in Puerto Rico.

There is no age at which we cannot become caring people who reach out to improve the world. In caring for others, we forget about ourselves. The aches and pains lessen, and the hollow feelings disappear. Caring renews in us a trust in life and a belief in ourselves. We discover that what we care about once again involves us in the fullness of living.

Concern for people and causes moves us away from self-centeredness. We anticipate that some good will come to others from what we do, and perhaps it does. But, more often than not, we are benefited as well, and we discover that, as author Joan Mills wrote, "happiness can be the earned reward of caring."

Unless you have a purpose in life, expressed in its simplest form—"something to get up for in the morning"—you begin to stagnate, and that is the worst thing any...person could or should do.

Olga Knopf, M.D.

Coming to Terms with Guilt

Guilt depresses the spirit and prevents us from living fully at any age. It upsets our mental perspective, because within us there is a gap between what we are and what we know we should become.

Feeling guilty and *being* guilty are two entirely different things. Being haunted by guilt feelings is especially hurtful when we're not sure whether we're really guilty! Did or didn't we give enough of ourselves to the parent or the spouse who is now dead? Could we have saved our marriage? Have or haven't we lived up to our potential?

There is no way to relive the past and determine whether we truly have reason to feel guilty. "Of one power even God is deprived," wrote the Greek poet Agathon, "and that is the power of making what is past never to have been." All we can do is change our behavior now.

No matter what their source, guilt feelings teach us that we're still in the process of becoming. They pull at us to accept our responsibility as people. Once we commit ourselves to act morally and ethically, we have made use of guilt and it then diminishes.

Feeling guilty may be based on something real or something imagined, but *being* guilty is based on fact. We know whether we shoplifted, lied, failed to support a child, or refused to testify for someone who depended on us. If we listen to it, our sense of justice—or conscience—tells us to face the hurtful truth. Maturity guides us to make amends. Money can be given anonymously. Apologies can be made in person or by letter. If we have damaged or destroyed life, we can support life in a way that is appropriate to our abilities. Some possibilities include becoming a hot-line counselor, an environmentalist, a foster parent or grandparent.

At whatever age we come to terms with real or imagined guilt, clearing up the past restores a sense of peace. Then, we know that the gap between what we are and what we should become is narrowing.

Even the happiest life is a constant struggle to face the problems it raises, the external and internal conflicts it arouses, which are the very stuff of life itself; a struggle to be true to oneself, to assume responsibility for one's own convictions and talents.

Paul Tournier

When We Fail

He was thirty-two years old, had twice been expelled from college, and was living in a Chicago slum. Then came the death of his first daughter. At this low point in his life, Buckminster Fuller felt so defeated that he contemplated suicide. But, instead of taking his life, he looked at it. Fuller decided to stop living according to other people's values and ideas. He wanted to see what would happen if he did his own thinking and dedicated his life to benefiting others. The record since then has been clear. Fuller climbed back from failure and despair to succeed as an inventor, a poet, and a person of great vision.

Failure is something we've all experienced. Maybe it hasn't been of such magnitude that our whole world crashed in on us, but no one escapes making mistakes or trying things that turn out unsuccessfully. Whatever the failure, the important thing to keep in mind is that having a failure isn't the same thing as being one. The only real failure is to give up trying.

Some of our most basic knowledge comes from mistakes and failures. To learn from them, we need to look back long enough to understand the meaning of the experience and then apply what we have learned to our next effort.

If we feel we've had a history of failure, we can still find something at which to succeed. It need not take a dramatic event to make us feel good about ourselves. Feelings of success can come from making a first speech when we've felt terrified about facing an audience. It's rewarding to earn a driver's license when we've always depended on others for transportation. Savoring small victories such as these builds confidence and enables us to take on larger projects.

Once we accomplish a goal we've set for ourselves, we experience a feeling of genuine self-satisfaction. At such a time, we understand what Walt Disney meant when he said, "I hope I stay young enough in spirit never to fear failure—young enough still to take a chance and walk in the parade."

Many times the only way we can find out what *is* possible is by finding out what is *not* possible—in other words, by making a mistake.

Nelson Boswell

Developing an Attitude toward Death

In our youth we may briefly consider our own death, but, for the most part, we think that dying only happens to someone else, someone older. As we ourselves become older, death becomes more real. We may face a serious illness. Perhaps one of our parents or a friend close to our own age dies. No longer can we avoid the reality that one day we, too, will die.

The real point of our lives is not that we will die but that we live the days and years we have to the fullest. At the end of life, people tend not to regret the things they did nearly so much as the things they left undone. Those who have found pleasure in the everyday joys of friendships and flowers and those who have fulfilled dreams and reached out to others in love are likely to face death with the least fear.

To make the most of the days we are given, we need to examine our beliefs and concerns about death. Individually, we must decide whether to believe that death is an end to everything or a new beginning. We may choose to believe in life in another world or to see ourselves living on in this world through whatever contributions we have made and in the memories of those whose lives we have touched. It's up to us to determine how we feel about reincarnation and the rewards or punishments we may face after this life.

Information can be gathered by reading and also by speaking with those who have thought deeply about living and dying. But since no one can talk with absolute certainty about what lies after life, we alone must find the answers that enable us to develop a satisfying personal philosophy. What we conclude should help us view life as purposeful and death as a natural and good part of it. When we see death as a reminder not to put off what is truly important, we can get on with the art of living.

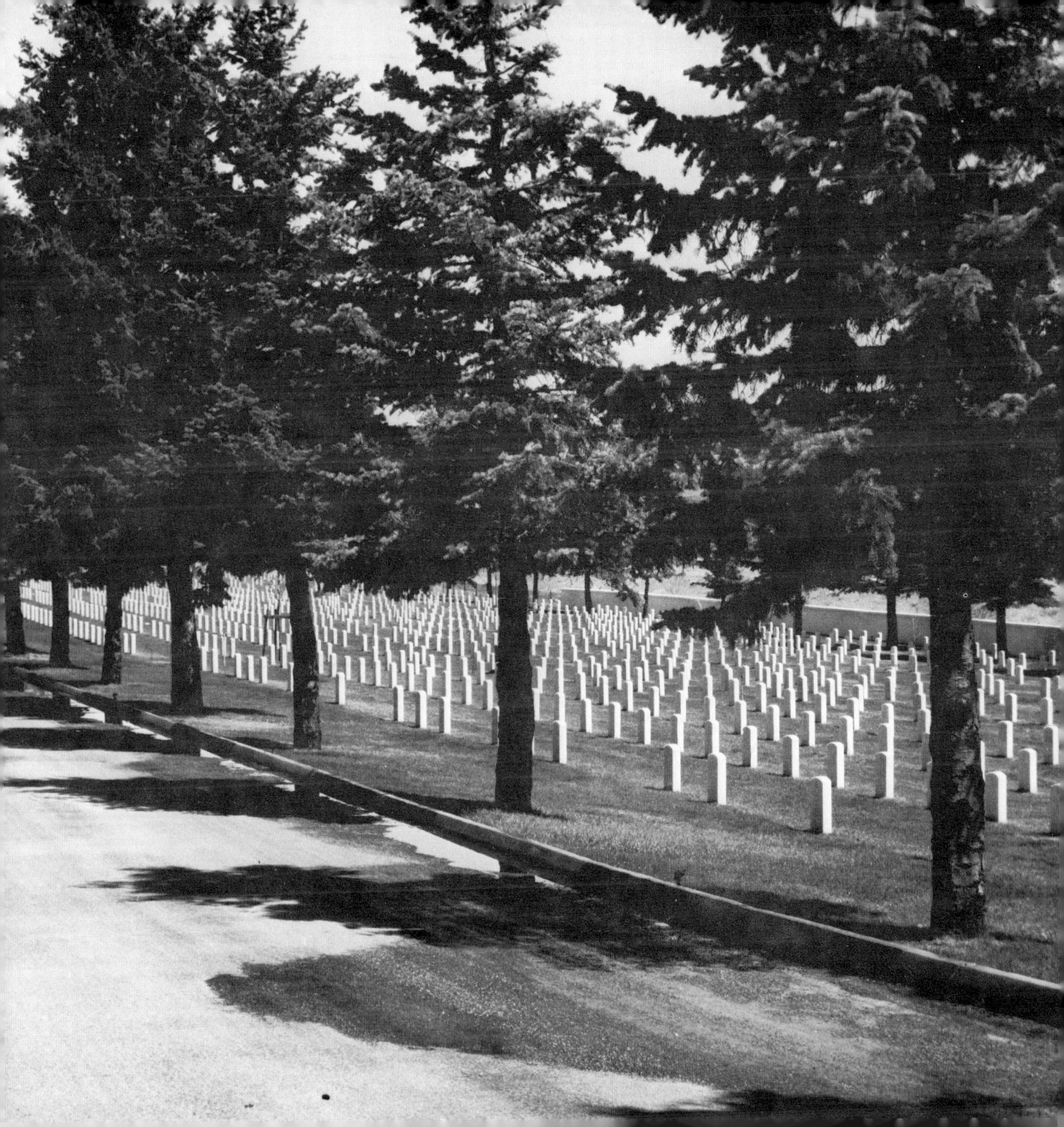

When an emotional injury has taken place, the body begins a process as natural as the healing of a physical wound. Let the process happen. Trust that nature will do the healing. Know that the pain will pass and when it passes, you will be stronger, happier, more sensitive and aware.

Melba Colgrove, Ph.D.
Harold H. Bloomfield, M.D.
Peter McWilliams

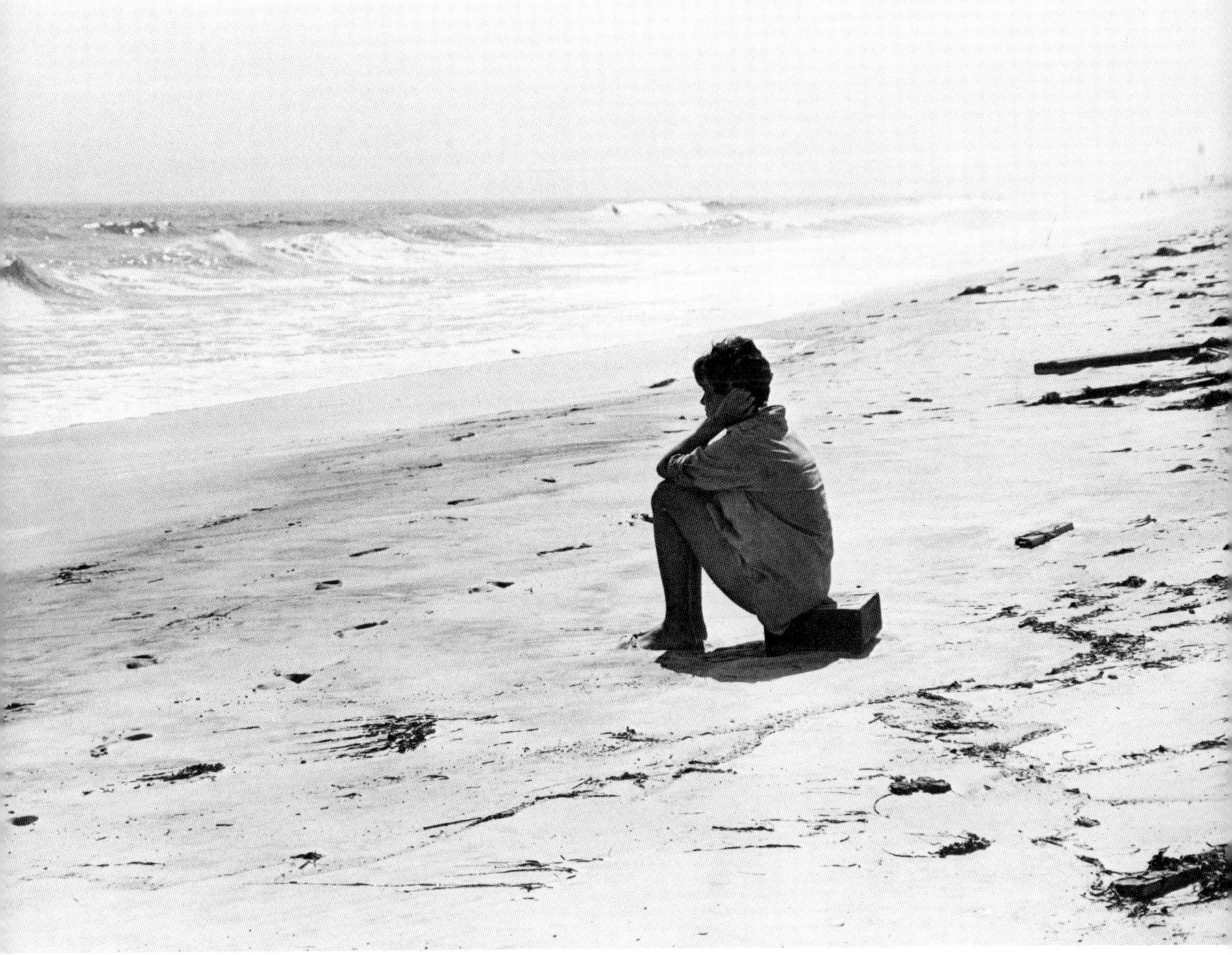

Finding Inner Peace

"Peace, like every other rare and precious thing, doesn't come to you," noted writer Faith Forsyte. "You have to go out and get it." Searching for inner peace is a confusing and disappointing journey when we believe that others can provide it for us. Although people can guide us toward serenity, only alone can we find it.

The way to inner peace may include an examination of our religious heritage. If we are still living with hand-me-down concepts, we need to examine our beliefs and reappraise our religious practices. At its best, religion provides us with a firm foundation on which to stand and grow. However, the commitment to the belief must be our own. If religion is to add to our sense of well-being, we must feel it in our hearts, not just know it in our heads.

For many of us, inner peace is acquired only after a lot of living. It comes from grappling with the timeless questions of what we're doing on this earth and where we're going at life's end. It develops out of everyday experiences of both joy and sorrow. After we've failed, tried again, and survived, there's a slow realization that we alone are responsible for our own life. We accept that we are who we are because of the choices we've made and the actions we've taken. When we're able to say "I may not have been the best, but I tried my best," we find that peace is growing within us.

Feelings of inner peace help us realize that contentment is not off in the future but must be found in whatever we're doing, no matter how ordinary it might appear. Francis of Assisi is said to have been at work hoeing when someone asked him what he would do if he knew his life was to end at sundown. "Keep on hoeing," he responded. His answer reflects an inner calm that's available to each of us when we make our peace with the past, accept who we are, and appreciate the worth of what we're doing at the moment.

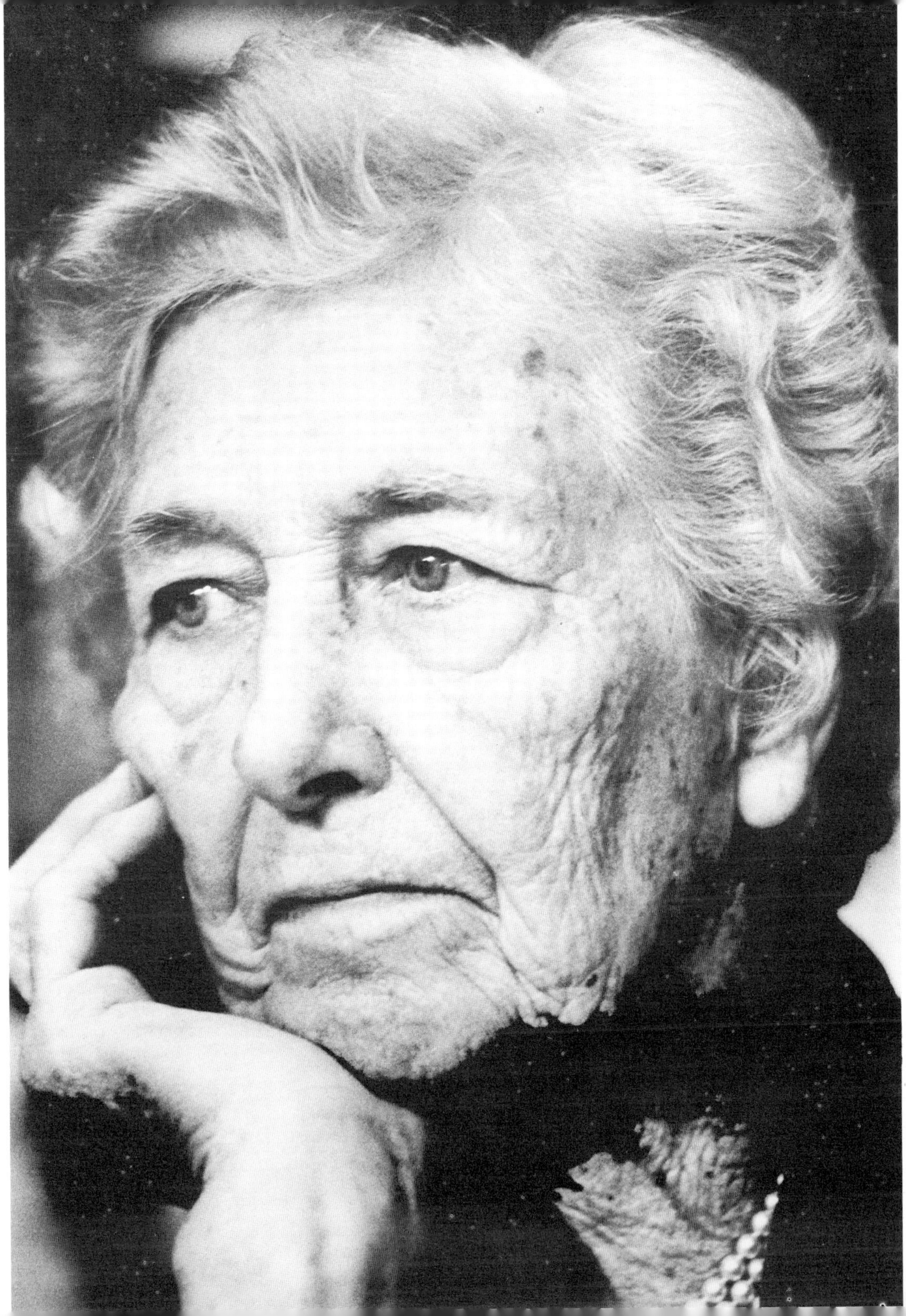

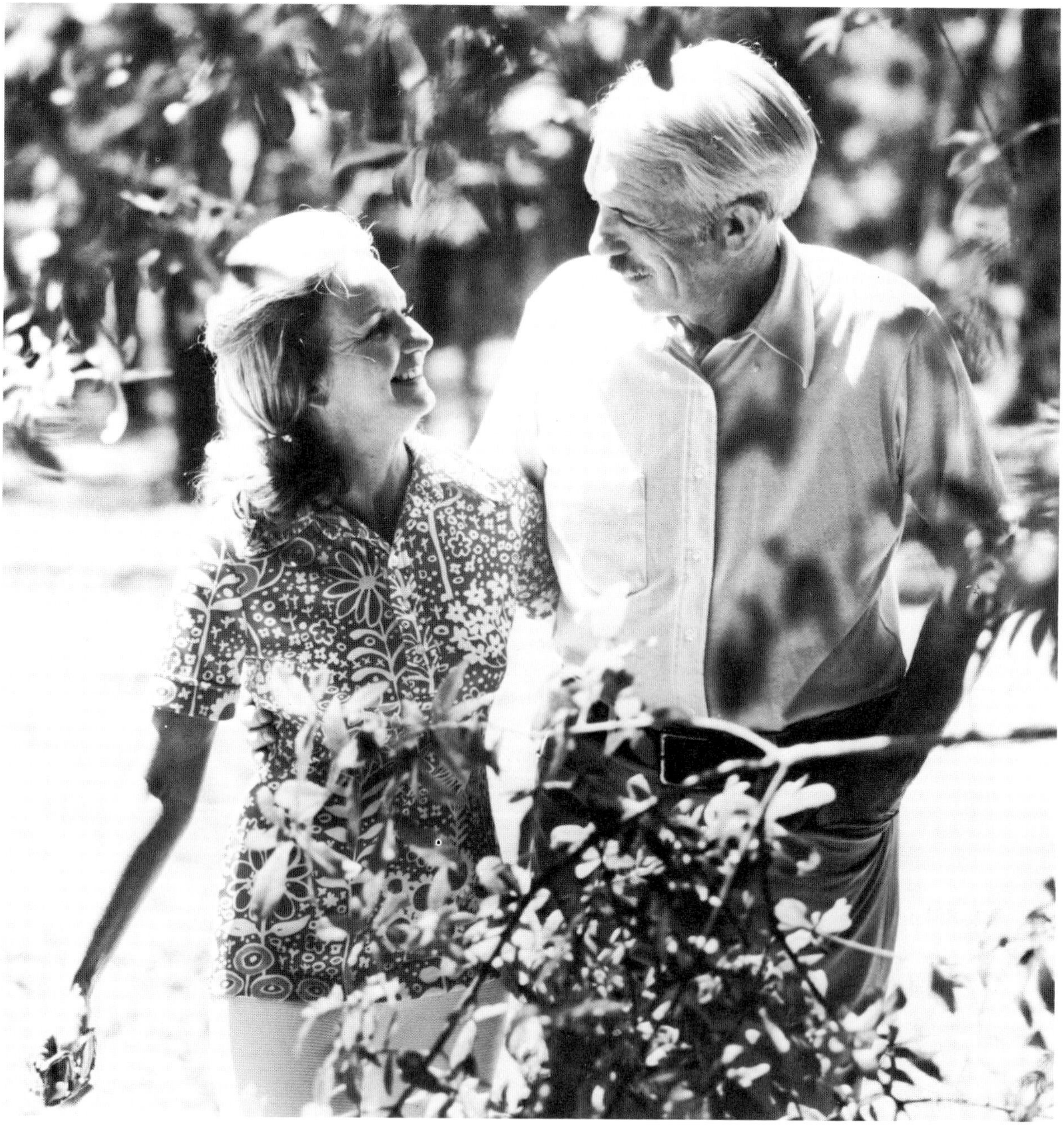

Serenity comes not alone by removing the outward causes and occasions of fear, but by the discovery of the inward reservoirs to draw upon.

Rufus M. Jones

Stop Trying to Change for Someone

Changes in our habits and behavior are neither easy to make nor comfortable to live with when we try to bring them about by will power. That's why tomorrow is usually the day most of us are going to give up smoking and take up jogging, give up sweets and take up nutrition, give up yelling at the kids and take up a new way of relating to them. Unfortunately, it's difficult to turn resolutions for tomorrow into today's style of living. Doing so by force of will may do nothing more than make us great grouches!

Useful and innovative change for most institutions that are set in their ways results from an outside influence. It is just the opposite for us as individuals. Useful change, to be effective, must come naturally from within.

When we change for someone else, we seldom enjoy long-term success. Losing weight or quitting drinking for another person (our love, our boss, our family) can seem to be worthwhile. But a slight deterioration in our relationship with the person we changed for is apt to bring about the "fall." We then find ourselves back in the same old habits and, worst of all, feeling like a loser.

To become a permanent and satisfying part of our daily living pattern, change must reflect something deeper than giving up negative behavior to take up positive behavior by sheer force of will. It must, instead, reflect our own understanding that change is a matter of personal growth. The point is not to break a single habit but to let ourselves become whole people.

We weren't born to destroy ourselves; we were born to live. We have a natural inclination toward self-preservation and total health, but will we listen to what our body is telling us? We know, better than any outsider, if we're moving away from physical, mental, or spiritual well-being. When we decide that we want to become well and whole, true growth becomes possible because then we'll allow change to happen from within.

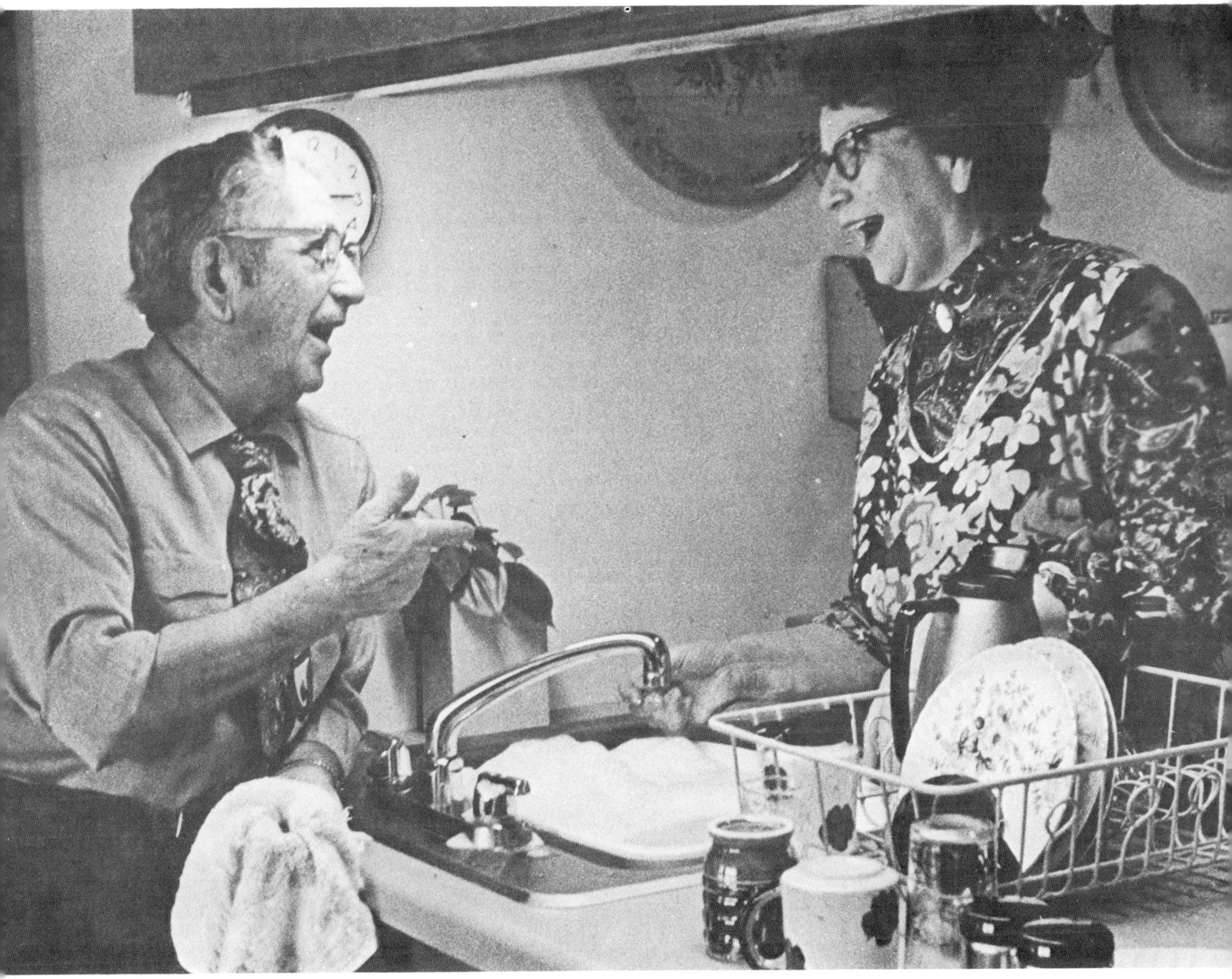

For most of us, it is...difficult to trust the wisdom of our bodies. My feet tell me when I have "cold feet" or fears. My jaw and neck and shoulders tell me when I am "up tight" and resentful. My legs tell me what I "stand" for. My heart tells me when I love and my eyes tell me when I am sad and hurt. This orientation requires no "shoulds," no "have to's," no rights and wrongs, but simply being what my organism is. It is elusive, but exciting, and this is the way I "know myself." To learn to listen to our body is to accept that we *are* bodies, not that we *have* a body.

Everett Shostrom, Ph.D.

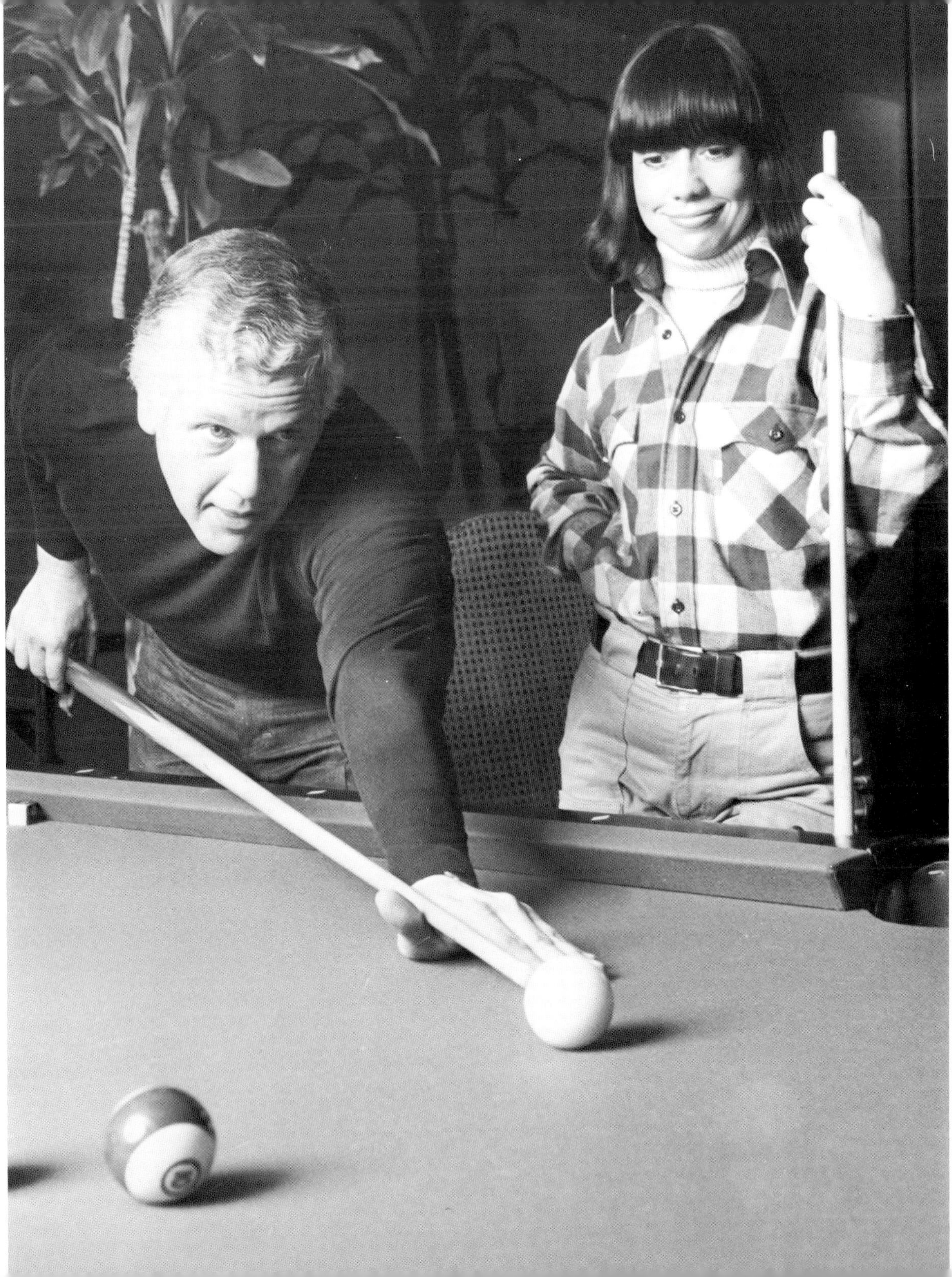

Some Myths about Aging

All of us have ideas and feelings about what it means to be old, but many of them are based more on misinformation and myth than on fact. It is, for instance, assumed that, when you're old, you are somehow different. While it's true that aging alters physical appearance, inside we'll still be much the same person with the capacities, needs, and desires we've always known.

Although ill health might accompany growing older, it can be a part of *any* age. Actually, people over sixty-five get fewer acute illnesses than do younger people. Proper medical care and good health habits allow most older people to enjoy active, vital lives. If we do become debilitated, it is frequently because of boredom or anxiety over the lack of money and the possibility of illness.

Another misconception about aging is that the mind deteriorates. The fact is that intelligence does not lessen as we grow older. The only decline may be in our quickness of response and, to a slight degree, our ability to remember. But even here encouragement comes from the orator Cicero, who said, "I certainly never heard of an old man forgetting where he hides his money!"

Contrary to what's commonly believed, older people do have sexual desires. Aging brings about some changes in physical performance, but both men and women have a lifelong capacity and need for an expression of their sexuality.

By themselves, added years do not bring about mental and emotional problems. When there are such problems, they may be brought on more by our attitude than anything else. Generally, those who have trouble accepting aging also had trouble with all the other stages of life.

The ideas that most old people live in nursing homes and that they are inflexible, unproductive, and reclusive are other myths that have no basis in fact. Myths abound, but one truth remains. From infancy on we need to feel that we are people of worth and that we are loved. When these needs are met, the rest of life is likely to take on a balanced perspective.

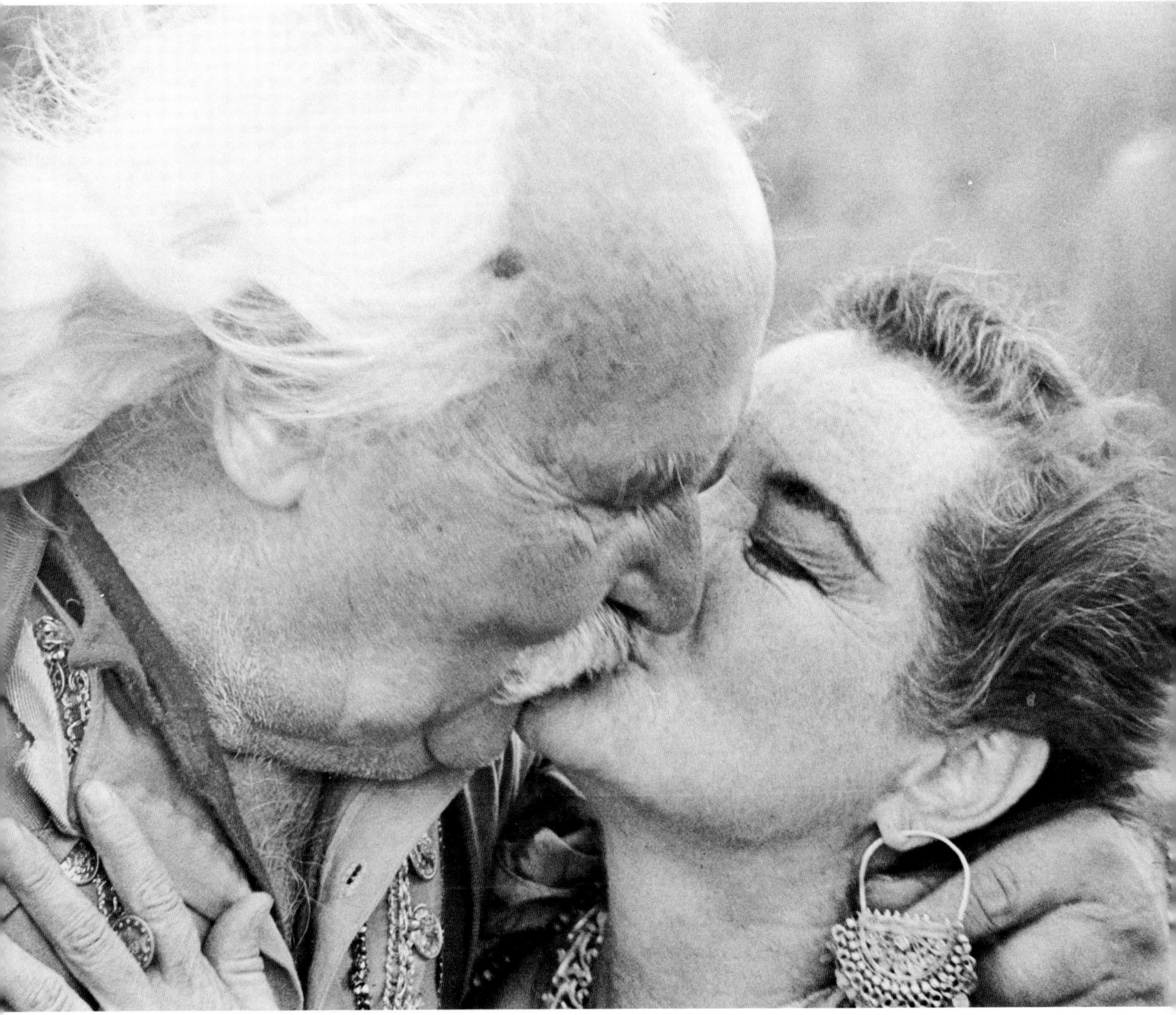

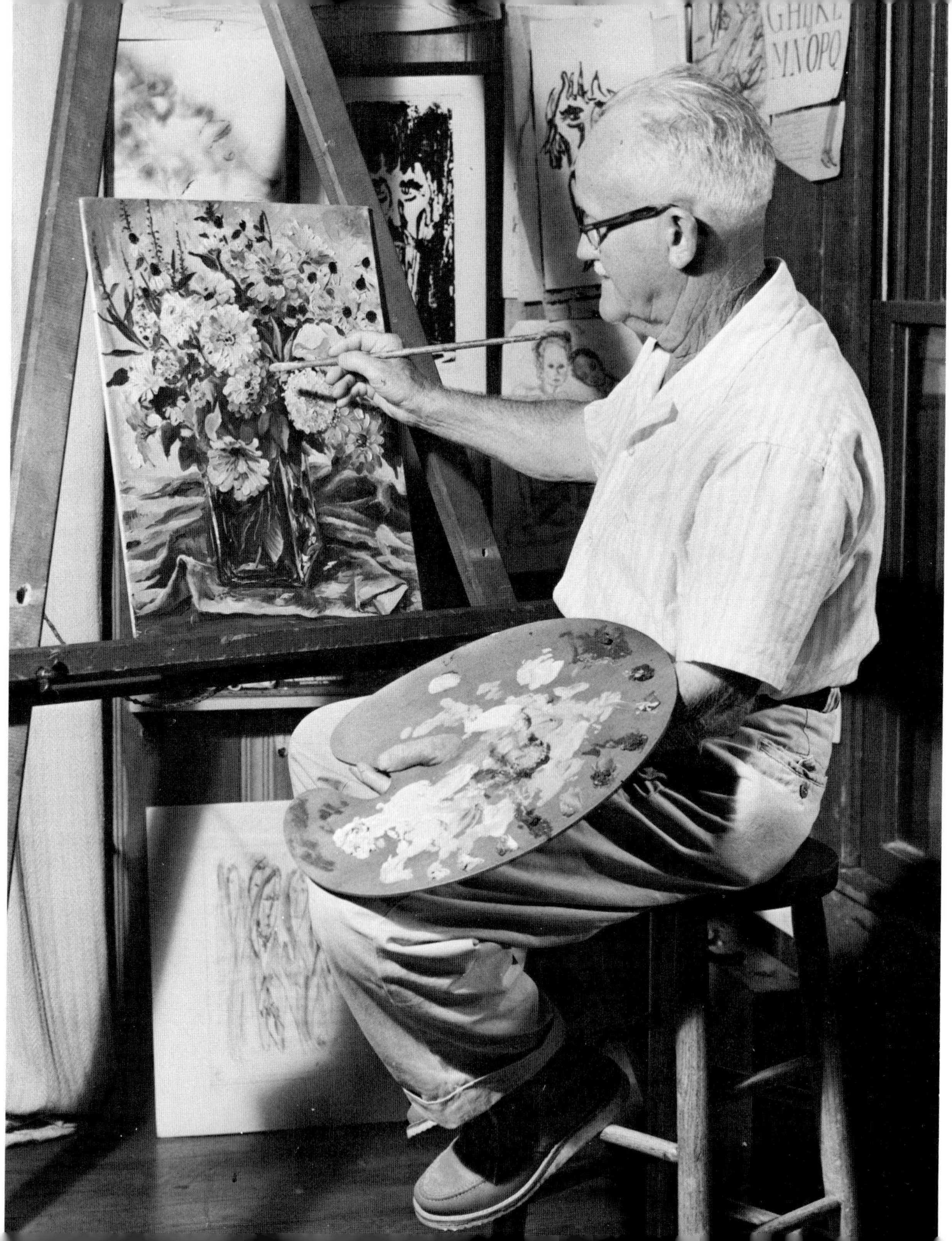

Age is not a leveler of individual differences. It is the type of personality that you have in the middle years that is most important to success or failure in adapting to aging. People who have always adapted well, who have a flexible psyche and character, are those most likely to adapt well to old age.

Leopold Bellak, M.D.

Never Too Old

When we're young, there's always so much future out there. But the time comes when we're living in our future and moving into those years when society, if we allow it to, will relegate us to a rocking chair or a nursing home. "Life becomes intolerable," according to psychologist Gordon Allport, "only to those who feel there is nothing more for which they can live and to which they can aspire." A lot of people reject the idea of uselessness and live productively all the years of their lives.

Surely there's inspiration to be had from Marion Hart, who flew solo over the Atlantic at the age of seventy-four, and George Burns, who co-starred in an Oscar-winning movie when he was eighty; from Mary Baker Eddy, who founded the world-famous *Christian Science Monitor* at ninety, and the impressionist painter Monet, who continued painting until shortly before his death at eighty-six. But we don't have to look just to the illustrious to find older people who lead useful and stimulating lives.

In our own family, an aunt in her sixties took up water skiing and a grandmother in her seventies ran for her local school board and won. Every day, we find examples of older people who continue to function; we read about a former ballerina who at ninety-one is a favorite dancing teacher, hear of a doctor at eighty who is a sought-after consultant, or know a man who is so successful in his recently opened dairy store that he's forgotten whether he'll be sixty-four or sixty-five and says it doesn't matter because he's too busy to worry about it. Women and men well past the prescribed age of retirement have served successfully in volunteer organizations such as VISTA and the Peace Corps.

A great many people become incapacitated not because they are but because they imagine themselves to be. Given reasonably good health, there's considerable evidence to support the positive attitude that we're never too old to pursue ambitions and fulfill dreams.

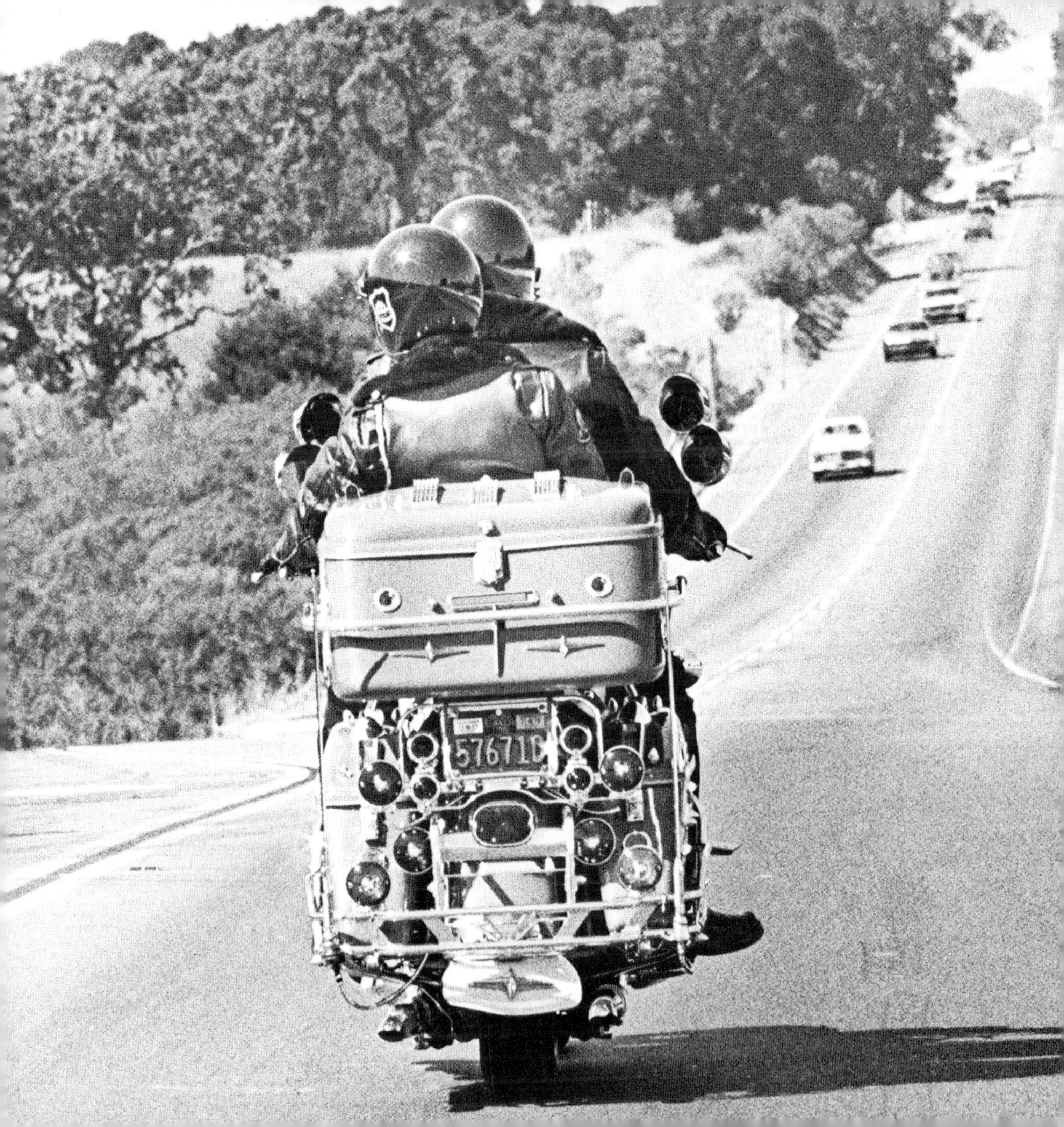
57671D

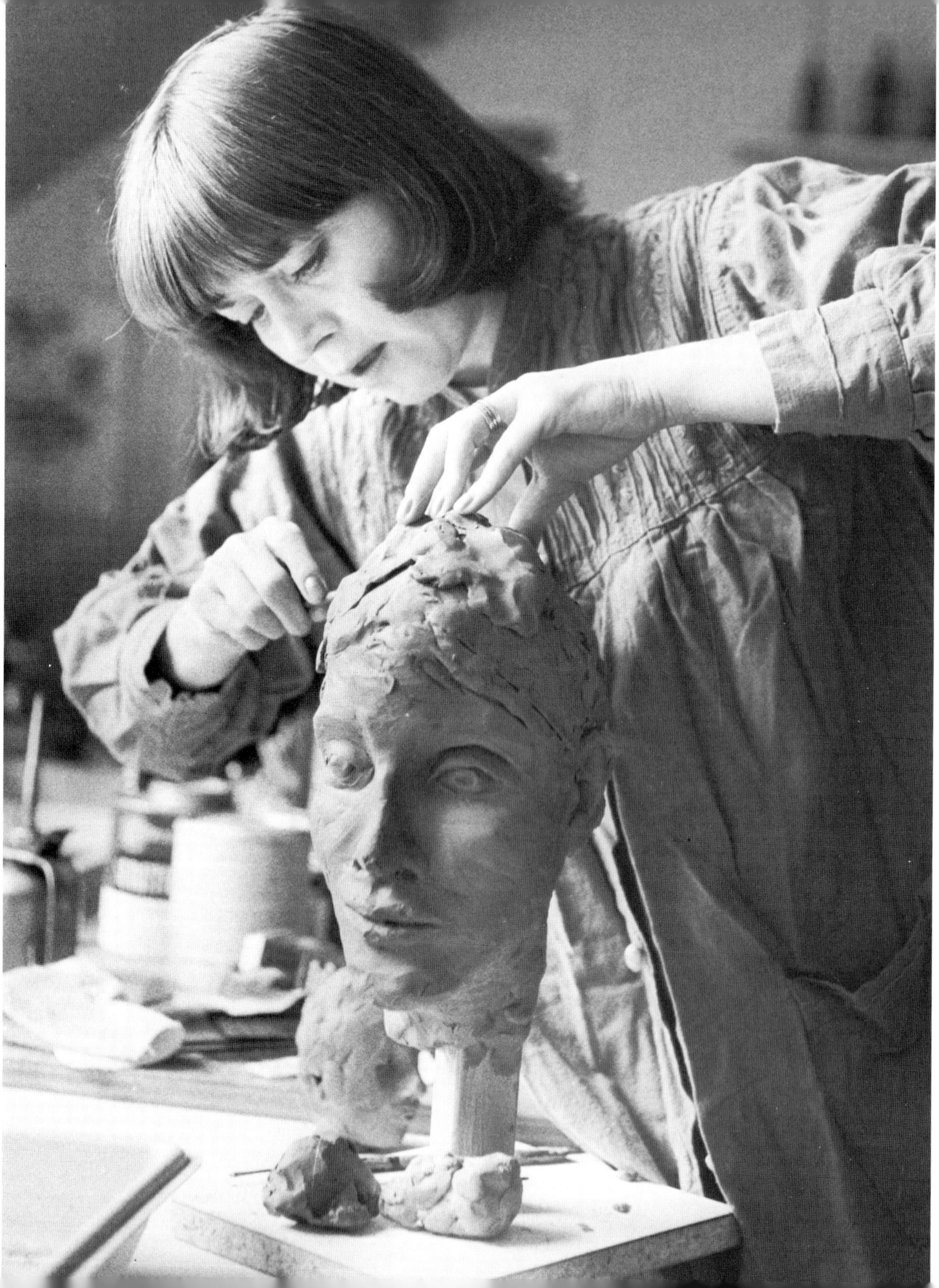

You're as young as your mind is young and not as old as your body is old. And to the young in mind belong the world and the fullness thereof. Physical growth may stop, but mental, spiritual and creative capacities need not....

Charles Degen

Retire to Something

Anyone who has been laid off a job and then called back knows the real worth of work. It gives most of us our sense of identity. We're teachers, doctors, carpenters, sales representatives, designers. Retirement, whether we take it early or late, suddenly ends the identity to which we had grown so accustomed. People then talk about what they used to be. Becoming somebody who used to be may lead to daydreams and escapist activities that ignore both our abilities and our needs. This is retiring *from* something instead of *to* something.

Advertising man Henry Legler was distressed by the thought of going through the ritual of retirement. He told his partner how he felt and then one day cleaned out his desk and slipped away. Legler had a plan. He continued his career in a new direction, by writing *How to Make the Rest of Your Life the Best of Your Life*. The way to do this, he insisted, is to keep busy.

Popular retirement areas are scenes of major adjustments for people. For some, sunning, golfing, and socializing with friends does become satisfying. However, in many cases, men and women who have led active and useful lives find something missing. What's missing is the sense of purpose that came from truly enjoyable work.

Retiring to an activity such as a hobby may satisfy us if we've never had enough time to get completely into it. But a lot of us will be happier pursuing—at a reasonable pace—some facet of our vocation. The cook who always wanted to open a restaurant could know the joy of doing so, on a limited scale. The teacher can change classes and still teach. The lawyer can work to change an unjust law. Although we may shift our emphasis from earning money to being of service, we can retain our vocational identity. That enables us to smile, skip the "I used to be," and say, "I am!"

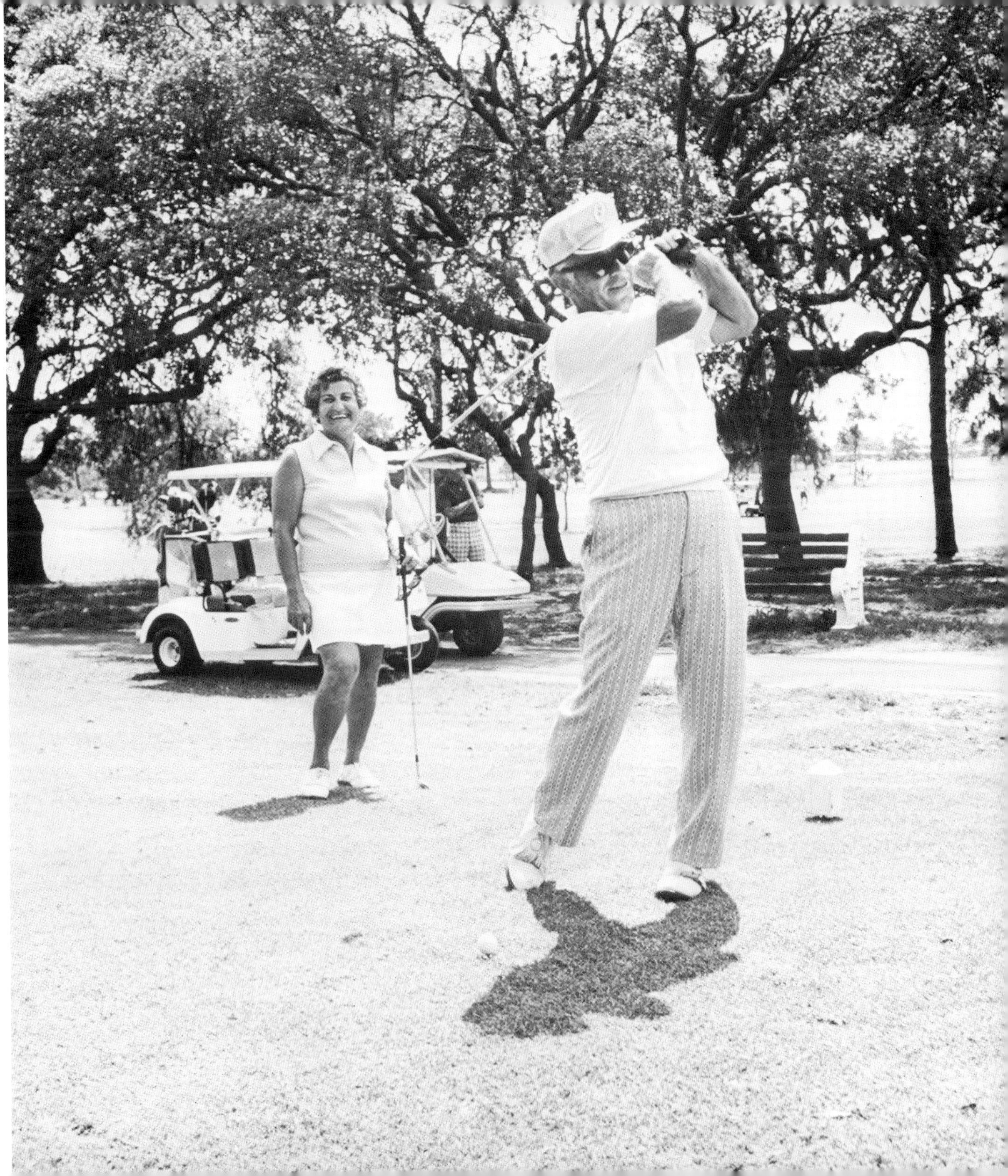

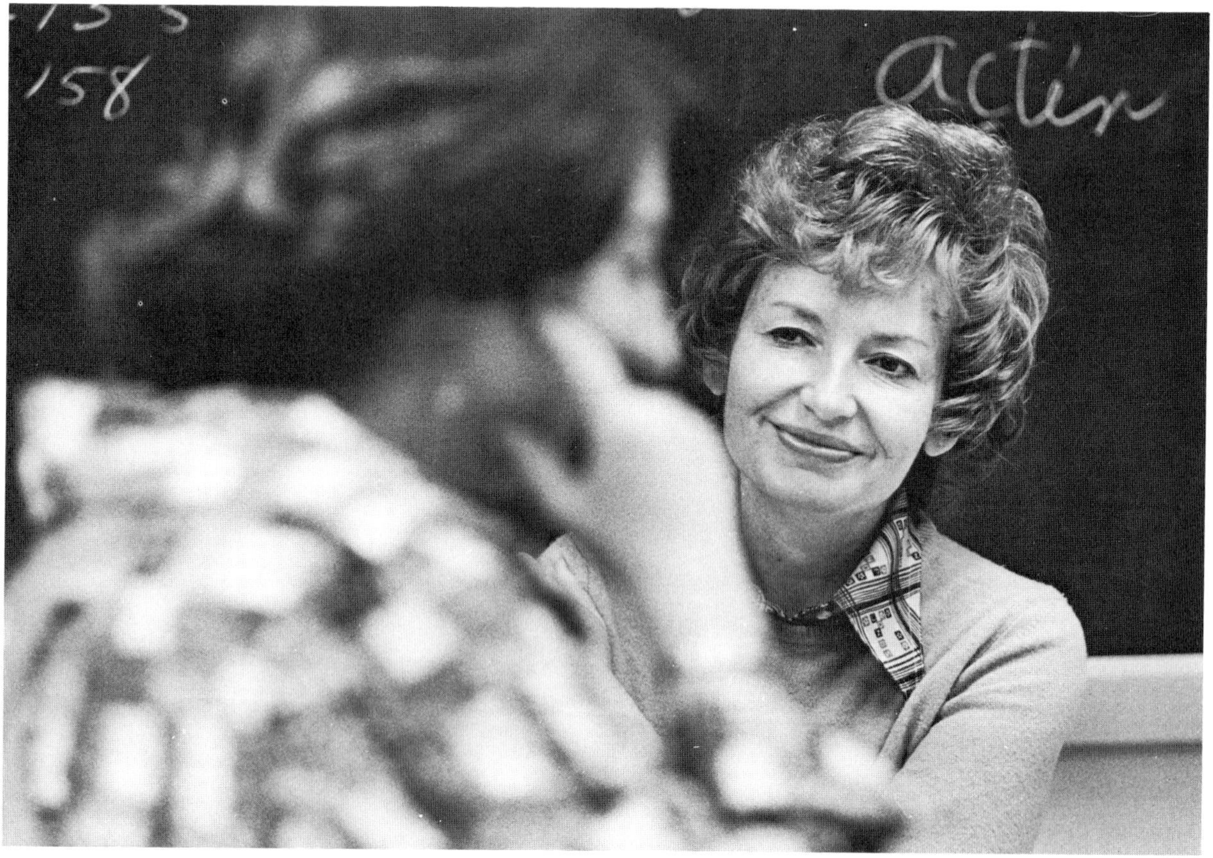
158
actin

Work has indeed been my beauty treatment. I believe in hard work. It keeps the wrinkles out of the mind and the spirit. It helps to keep a woman young. It certainly keeps a woman alive.

Helena Rubinstein

Alive to Life

Many of us spend time believing that the "good life" is going to begin sometime in the future. It's going to be great when we've got enough money, when we meet someone who truly understands us, when we have our own business, when we retire. But life doesn't begin in the future. Right now is the time of our life! When we realize this, the hours we have take on greater worth. We see clearly that using our time well is important because each minute is a miracle that cannot be repeated.

Making the most of every moment is no accident. Those who live life to the full do so with design and purpose. They realize the value of time and see the world as a place of wonder and new possibilities.

Every day becomes an adventure when we approach it with the freshness of vision most of us knew in younger years. Some things that gave us that vision were our own uniqueness, our belief in love, and our ability to see beauty in the ordinary. Although years have passed, the sun still rises and sets. All we need do is take the time to see it afresh! The touch of a caring hand still brings forth love. All we need do is reach out to the world and to others wherever we are!

We become winners in the game of life by staying interested and taking an active part. "Winners have a zest for life, enjoying work, play, food, other people, sex, and the world of nature," wrote Muriel James and Dorothy Jongeward in their book *Born to Win*. "Without guilt they enjoy their own experiences. Without envy they enjoy the accomplishments of others."

When we believe that zest comes from within our individual hearts and minds, we no longer wait for the good life to happen. Instead, we make the fullest use of time, creating our own meaning, and our own happiness. Each minute then becomes an unrepeatable miracle and makes the present the best time of our life. The past and the future then take care of themselves.

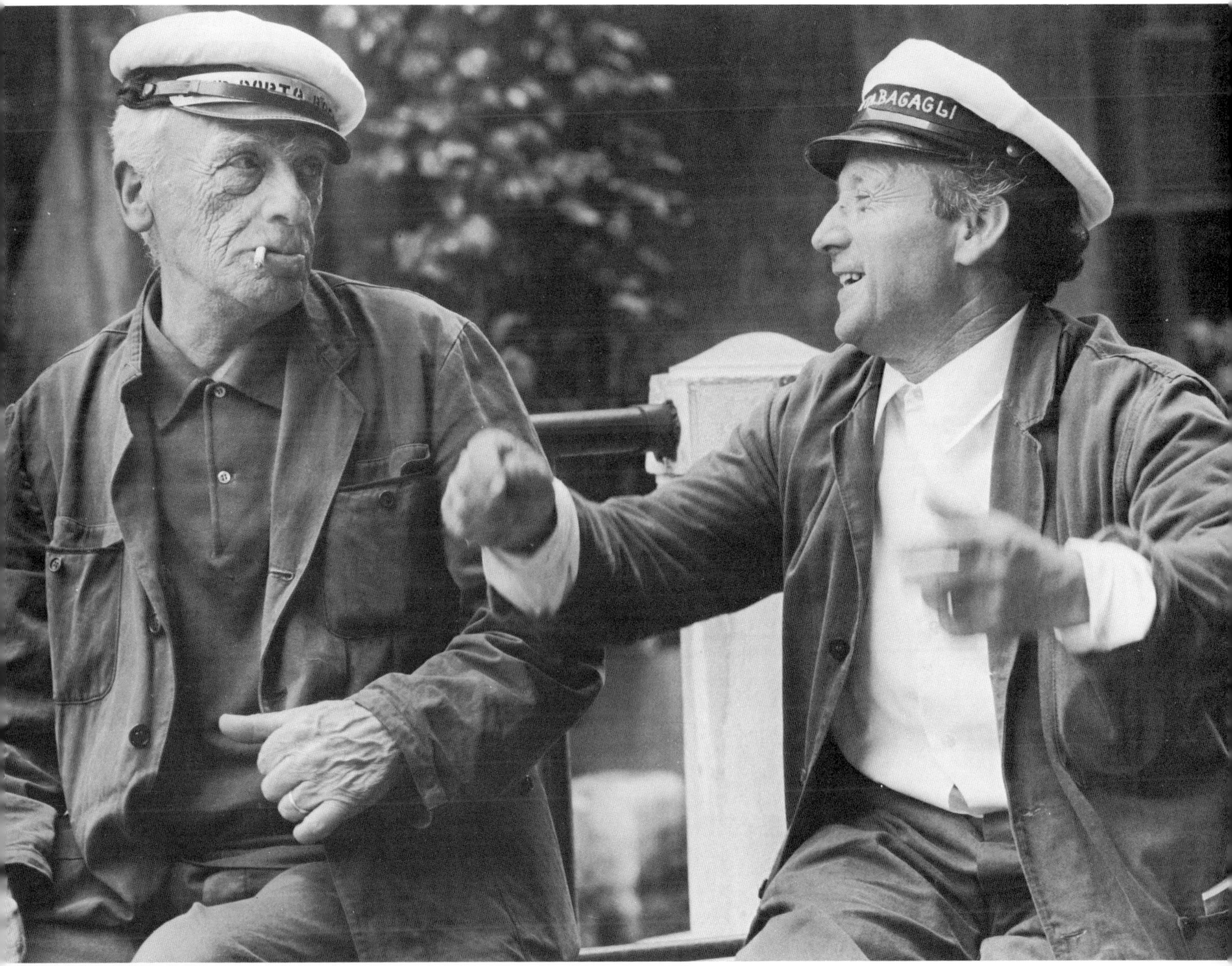
BAGAGLI

People who never close their minds, who never mentally retire, seldom seem to let down physically or spiritually either. They never lose a kind of childlike appetite for what comes next, and always seem to be listening to a little voice that keeps prodding and pushing them to never miss a sunrise.

Thomas D. Murray

Inventario
de cuentos
y recuerdos

MAMERTO MENAPACE

Inventario
de cuentos y recuerdos

EDITORA PATRIA GRANDE
BUENOS AIRES

Menapace, Mamerto
   Inventario de cuentos y recuerdos. - 1a ed. 1° Reimp.- Buenos Aires:
   Patria Grande, 2004
   104 p.; 20x14 cm.- (Ventana)

   ISBN 950-546-130-5
   1. Narrativa Argentina I. Título.
   CDD A863

Diseño de tapa: El Grifo

Ilustraciones de interior: Silvia Arambarri

Primera edición: setiembre de 2002
Primera reimpresión: julio de 2004

ISBN: 950-546-130-5

©Cooperativa de Trabajo EDITORA PATRIA GRANDE P.G. y P. Ltda.
—2002— Rivadavia 6369, C1406GLG Buenos Aires, Argentina.
Tel.: (54-11) 4631-6446. Tel./Fax: (54-11) 4631-6577.
E-mail: edpatria@infovia.com.ar

Queda hecho el depósito que marca la ley 11.723. Impreso en Argentina.
Industria argentina.

Reservados todos los derechos. Queda prohibida, sin la autorización escrita de los titulares del Copyright, bajo las sanciones establecidas en las leyes, la reproducción total o parcial de esta obra por cualquier medio o procedimiento, incluidos la reprografía y el tratamiento informático.

índice

Prólogo 9
Solución sencilla 13
Signos 17
Ángeles custodios 21
¡Porque Dios es grande! 25
Yo no te molesto 29
La gran señal 33
Se tenía Fe 39
Lenguaje cifrado 41
Temor imaginario 45
Ruralia 51
Si el trigo no se moja… 55
El buey que trilla 61
Lo de adentro 65
Las goteras 69
Sabiduría de vida 73
El alteo 81
La canal 87
La bendición de la lluvia 91
Los acontecimientos y la historia 97

Prólogo

Entre los años 1975 y 1985 me tocó armar unos cursos bíblicos para la gente de las parroquias y colegios de nuestro entorno. Los encuentros tenían lugar cada quince días y nos llevaban toda la mañana del sábado. Para poder asistir a ellos, mucha gente se levantaba muy temprano, porque acudían de lugares bastante distantes: Pehuajó, Trenque Lauquen, Carlos Casares, 9 de Julio, Bragado, Los Toldos y hasta de San Clemente del Tuyú. Solían ser grupos de jóvenes, o de catequistas mayores, congregados junto a algunas comunidades de religiosas, que los animaban y aprovechaban de esos cursos para formar los cuadros de sus colaboradores más cercanos.

Algunos llegaban para participar de la misa comunitaria de las 7,30 hs. Otros lo hacían para el curso mismo. La mañana estaba dividida en tres partes. La primera hora consistía en una exposición mía sobre un personaje bíblico. La siguiente hora se trabajaba en grupos, respondiendo a preguntas previamente preparadas. Y la tercera era una puesta en común de lo tratado en los grupos. Ésta era quizás la parte más interesante, porque permitía el aporte de los mismos participantes. La gente se llevaba mis apuntes de las charlas. Muchas de ellas, agrupadas por temas, dieron lugar al nacimiento de algunos de mis libros, como por ejemplo: *Camino de Emaús con Fe y Esperanza, Las Exigencias del Amor, Un Dios Rico de Tiempo, Fieles a la Vida*, entre otros.

De la tercera parte, en cambio, que era la puesta en común, me han quedado una cantidad de anécdotas, poesías y cuentos que la misma gente fue aportando. De ellas me gustaría rescatar algunas en este nuevo libro nacido a la distancia y con un poco de nostalgia.

Hay un dicho que afirma:

— *El que se copia de otro, es un sinvergüenza*

— *El que se copia de varios, es un plagiario*

— *El que se copia de todos, es un investigador.*

Reconozco que en mi vida de escritor soy claramente del grupo de los terceros, con bastante de los otros dos. Pero con la particularidad que antes de poner por escrito estos cuentos o anécdotas, ellos han transitado un largo camino oral. Hasta tal punto que ya no podría decir con certeza qué pertenece a la narración original, y qué es elaboración mía. Y además, tengo dos estilos diferentes: cuando relato soy abundoso. Me gusta detallar, imaginar el momento, y adaptarme al auditorio. Por el contrario, cuando escribo trato de ser conciso y elimino más de la mitad de lo que elaboro. Como decía Güiraldes: —*Lo que más me gusta de la mano, es el puño,...* sobre todo cuando lo que se busca es golpear.

A veces lo que recuerdo es una auténtica narración, con el detalle de cuando la escuché y de quién la recibí. Otras veces en cambio, fue tan sólo una frase que me gustó, y que me dio pie para inventar o imaginar una historia. Y otras, tal vez sea un cuento ya escrito en otras culturas, pero que yo no conocía, y que por tanto nunca había leído. Me ha sucedido, luego de años de haber publicado un cuento, encontrarme que la base de esa narración era un cuento hindú, o una fábula africana, o un cuento jasídico o sufi. Pero me consuelo al leer que otro tanto le pasó a Lafontaine, Anthony de Mello, Iriarte, Tolstoi, y a tantos grandes escritores que estaban permanentemente a la búsqueda de la sabiduría desparramada en la narrativa popular.

Por eso me excuso reconociendo que en este inventario: fuera de mis recuerdos.... lo demás...

¡es puro cuento!

Solución sencilla

sto se lo escuché a una de las participantes de aquellos cursos. Provenía de Baigorrita, pequeña ciudad ubicada entre Los Toldos y Junín. De allí venía un grupo muy fiel, que participaba en nuestros encuentros. No recuerdo cuál era el tema de ese día. Pero tenía que ver con la Historia de la Salvación y con nuestro compromiso con ella. Porque, aunque estudiábamos la Biblia y sus personajes, tratábamos de hacerlo en forma aterrizada. Si buscábamos con apasionamiento en el pasado bíblico, era porque nos preocupaba el futuro cristiano y el presente humano.

Un niño de unos seis años, tiro más tiro menos, entró en la oficina de su papá. Tratando de imitarlo, se sentó en su sillón, y se encontró con un mapa del mundo que había sobre la mesa. A su lado había una tijera. Y no se le ocurrió nada mejor que ponerse a jugar con ella, utilizando el mapa que tenía delante.

Al rato el mundo estaba hecho un montón de tiras cortadas en todas direcciones.

En ese entretenimiento estaba, cuando entró su padre. No cuesta mucho imaginarse su enojo ante semejante estropicio. Y para darle un escarmiento y así comprendiera el desastre realizado, le puso una penitencia. Abriendo el cajón del escritorio, buscó un rollito de cinta adhesiva que allí tenía. Se la entregó con la orden de que volviera a armar el mapa del mundo, pegándolo ordenadamente como estaba antes de que lo despedazara con la tijera. Y le dijo:

—Hasta que no termines de hacerlo, no podrás salir a jugar. Vos lo destruiste: vos tendrás que armarlo de nuevo. Cuando lo tengas armado, avisame para que yo vea si lo has hecho bien.

No había pasado ni media hora cuando el niño vino corriendo a decirle que el trabajo ya estaba terminado. El papá no se lo creyó. Le parecía imposible que su hijo de seis años pudiera tener suficiente conocimiento del mapamundi como para armarlo tan fácilmente. Pero como el chico insistía, no le quedó más remedio que ir a comprobarlo. Y efectivamente, era cierto. Aunque no muy prolijamente, el mapa del mundo estaba correctamente armado.

—¿Cómo pudiste hacerlo? —le preguntó.

—Fue muy fácil papá —respondió el niño: detrás del mapa estaba la figura de un hombre. Bastó con armar al hombre y el mundo se arregló solo.

Signos

En nuestro mundo cristiano estamos tan acostumbrados a los signos religiosos, que a veces no nos damos cuenta de que sin explicación muchos de ellos serían incomprensibles. Y como a menudo nadie nos diera explicación sobre ellos, los seguimos aceptando sin comprenderlos, de tan habituados que estamos a que ellos estén allí. Ni nos imaginamos que puede haber otro que les dé una interpretación totalmente distinta de la que suponemos.

Yo provengo de una familia profundamente religiosa. En nuestra familia se rezaba por la mañana y por la noche. Y antes de la cena, el rosario familiar nos congregaba a todos. Los domingos, al menos un grupo familiar participaba de la Eucaristía, y los que quedábamos en casa leíamos los textos de la misa en uno de los devocionarios que teníamos: el más pequeño se llamaba *El Tesoro del Cristiano*, y traía un texto corto. El otro se llama *El Áncora de Salvación*, y traía un texto mucho más largo. A mí me gustaba más el primero, como es lógico.

Reconozco que siempre me aburrieron las ceremonias largas, sobre todo si me toca estar como un mero espectador. Y de chico, en aquellos tiempos, en la Iglesia me tocaba estarlo. Creo que eso le sucede a todo niño: cuando no puede ser protagonista en algo, enseguida pierde interés por lo que está sucediendo. Sobre todo cuando los mayores le coartan cualquier iniciativa, obligándolo a un silencio que no comprende. Tal vez por eso comencé mi catecismo a los cinco años con mi hermano tres años mayor que yo, y tomé mi primera comunión a los seis años, junto con él. No me resignaba a estar en un lugar sin ser yo también protagonista. Y lo mismo me ocurría en la escuela: desde el primer grado ya me ponían a actuar en los teatros y representaciones de acontecimientos patrios.

Por eso me resulta particularmente simpático este cuento que les traigo, y que no es mío. Tiene como personajes a una abuela piadosa, y a su nieto de cuatro años, que la acompañaba al almacén para hacer los mandados. Como la abuela tenía que cargar con los bolsos, aprovechaba la iglesia para hacer una parada en el camino de regreso hasta la casa. Colocaba los bolsos cerca suyo, y arrodillándose en uno de los bancos, se ponía a rezar, prolongando sus devociones. Mientras tanto el nieto hacía lo suyo.

Al principio trataba de imitar a la abuela, rezando como ella, pero sin entender demasiado lo que hacía ni ante quién lo hacía. Enseguida se distraía comenzando a mirar todo lo que lo rodeaba. Dándose vuelta observaba a los santos en sus nichos de la pared, o sobre los altares laterales. Como estaban muy serios y no se movían, pronto dejaban de despertar su interés. Entonces trataba de entretenerse mirando los vitrales de colores, por los que entraba a raudales la luz de afuera.

Hasta que en un determinado momento lo que atrajo su atención fue la lamparita del sagrario. Allá al fondo, sobre la derecha del altar mayor, una lucecita roja titilaba permanentemente. A cada momento parecía que se iba a apagar, para encenderse nuevamente con fuerza renovada. Al pequeño le parecía que algo tenía que pasar. Pero lo único que pasaba era el tiempo, sin que nada sucediera.

El pequeño clavó su vista en aquel signo de la presencia del Señor en la reserva Eucarística. Por supuesto, no tenía la menor idea de lo que se trataba. Simplemente quedó como atrapado por aquel foco rojo que no terminaba de apagarse, y parecía estar haciéndole señas. Hasta que no aguantó más y se acercó a la abuela para preguntarle:

—¡Abu! ¡Abu! —insistió el pequeño sacando a la señora de sus rezos.

—¿Qué, mi querido? —dijo la abuela un poco asombrada.

A lo que el nieto respondió, como dando por sobrentendido lo que iba a preguntar:

—¡Abu! Cuando se ponga verde ¿nos vamos?

Ángeles custodios

Los mejores hallazgos suelen ser fruto de una casualidad. A menos que sea cierto lo que dicen algunos, que casualidad es el seudónimo que usa Dios cuando no quiere firmar con su nombre. Porque muchas veces, la materia para un buen cuento me llega de sopetón, y sin buscarla. Eso es lo que me pasó con éste que les voy a traer ahora. Me lo contó, como de pasada, un hermano monje que venía del Paraguay. Creo que a él le llegó por correo electrónico.

Un día Tata Dios llamó a uno de sus angelitos. De esos que Él tiene destinados para ponerlos junto a un niño que está por nacer, para que sea su guardián de por vida, y más allá.

—Mirá —le dijo— vení que te necesito. Te voy a mandar para que le hagas compañía y lo ayudes en su camino por la tierra a un niño que esta noche va a comenzar su vida.

—¡No, Tata Dios! —respondió el angelito, medio asustado por el encargo que estaba por recibir. Yo soy muy chiquito y de esas cosas no entiendo nada.

—No te preocupes —le dijo Dios—. Vos sólo tenés que acompañarlo y aconsejarlo. Y a la vez, mantenerme informado de todo lo que le pase. Me traerás sus pedidos, y le llevarás mis consejos.

—¡No, Tata Dios! yo no puedo —se volvió a excusar el angelito—. No sé hacer eso que me pedís. Me contaron otros angelitos que los chiquitos lloran mucho, que se hacen caca, y otras cosas que yo no entiendo. Yo siempre estuve en el Cielo y sólo sé jugar, reír y cantar en tu presencia.

—No te hagas problemas —le volvió a insistir el Padre Bueno—. De esas cosas vos no tendrás que ocuparte. Para eso yo ya destiné a otro ángel grande, que estará siempre con ustedes dos, y que entiende bien lo que tiene que hacer.

—Ah, bueno. Entonces sí. Pero decime: ¿cómo se llama ese ángel grande?

A lo que Dios le respondió con una sonrisa:

—No importa como se llama. Ustedes le dirán: **MAMÁ**.

No importa cómo se llama.
Ustedes le dirán: MAMÁ.

¡Porque Dios es grande!

Es fácil reconocer la mano de Dios cuando todo nos sale bien. En cambio, cuando algo va contra lo que nosotros esperamos, nace en nuestro corazón la pregunta:

—¿Por qué Señor? ¿Por qué a mí?

Y hasta estamos tentados de pensar que Dios no nos quiere, o que por lo menos no estuvo allí para cuidarnos. Como si hubiera estado distraído, preocupándose de otros y olvidándose de nosotros. Porque si Dios no nos hace salir las cosas como a nosotros nos gustan, sobre todo si se las hemos pedido con fe, nos enojamos o dudamos de su existencia:

—¡Pero hay Dios, o no hay Dios!

Quizás sea una reacción un poco adolescente. Pero reconozcamos que es más frecuente de lo que uno se imagina, hasta entre los grandes. Confundimos a un padre bueno, con un buen padre.

Para ser bueno, bastaría con decirnos a todo que sí, satisfaciendo nuestros caprichos, tanto los útiles como los peligrosos. En cambio Dios es un buen Padre: Él sabe qué es lo que nos hace bien, y qué es o que a la corta o a la larga terminaría por no convenirnos. Lo malo no está en lo que sucede, sino en las consecuencias que nosotros sacamos de su manera de ser y de tratarnos.

Una familia salía de vacaciones. Como viajaban lejos, cada uno ya se había agenciado lo necesario para ocupar las largas horas de ruta que les esperaban. Al volante el marido, y a su lado la señora con todos los petates necesarios para el mate compartido. Detrás las dos nenas ya mayorcitas con sus muñecas y dibujos para colorear. Y con ellas el nene, que era un cohete en pleno encendido.

No se sabe si fue un descuido, o una fatalidad: lo cierto fue que el conductor del auto que venía de frente realizó una mala maniobra y le arrojó el vehículo encima. Instintivamente el hombre de nuestra historia viró hacia la derecha mandando su auto a la banquina, y de allí a la cuneta, quedando finamente detenido en el alambrado. Lo que podría haber sido una tragedia fue simplemente un tremendo susto.

Reponiéndose y constatando que nada malo le había pasado ni al auto ni a sus ocupantes, la madre en una crisis de nervios, o un ataque de fe, dijo al marido a los gritos:

—¡No volcamos, porque Dios es grande!

A lo que el niño, en su ingenuidad, y totalmente desde otro punto de vista, le preguntó:

—¡Ma!... y si hubiéramos volcado: ¿Dios era chico?

Yo no te molesto

A veces los cuentos me los trae don Emilio, que es el inglés don Email, pero acriollado. En realidad me trae un poco de todo. Hasta suele arrimarme como anónimo algún cuero de mis propios cuentos, en el que reconozco mi marca. Pero así es la historia en este tema. Una vez que las narraciones salen por esos campos de Dios, se vuelven orejanas y ya no tienen dueño. Como hacienda cimarrona, es de quien las bolea.

Quiero compartirles la historia de un rosal. Joven todavía la plantita, pero ya coquetona. Sus primeros pimpollos comenzaban a abrirse, y mostraba que le sobraban atributos como para ser admirada. Sus hojas de un verde oscuro manifestaban toda la salud de su savia joven. Y los colores de sus flores, no tenían nada que envidiarle al aroma que se esparcía a su alrededor.

Los que pasaban cerca de ella se detenían, y por un ratito no podían sacarle la vista de encima. Ella hacía como que no se percataba de ello. Pero se sentía inmensamente feliz, al saberse admirada y hasta codiciada.

Con todo, había algo que no lograba entender. Sí, cierto, la admiraban, y hasta escuchaba de ellos algún comentario elogioso. Y de los más atrevidos, hasta le llegaba algún piropo tan florido como ella misma. Lo que no hacía más que aumentar el rubor de sus pétalos, provocándole algún pequeño estremecimiento de gozo íntimo. Pero... ¿qué sucedía para que nadie se acercara demasiado a ella?

Nadie se arrimaba para acariciarla. Tampoco acercaban su rostro hasta sus flores para aspirar su perfume. Todos mantenían una respetuosa distancia, sin que ella lograra saber si lo hacían por respeto o por temor.

Hasta que una mañana creyó descubrir la causa. A sus pies descubrió que se había instalado un sapo. Uno de esos rococós de jardín, grandes y mansos, a los que en el Chaco llaman *cururú-güey*. Siempre había estado allí haciéndole compañía, pero sólo ahora tomó conciencia de su presencia y no dudó de que su fea figura era la que alejaba a la gente que no se atrevía a acercársele. Por lo que, con cierta arrogancia y de mala manera, se dirigió al humilde animalito y le dijo:

—¡No ves que sos un quemo! ¡Salí de ahí! ¿No te das cuenta de que por tu culpa nadie se me acerca? yo me las arreglo sola y no necesito que estés haciendo la guardia para cuidarme. Para eso tengo mis espinas.

Y el sapo, pidiendo disculpas y sin protestar, se alejó de aquel rosal. Al menos por un tiempo. Pero luego de unos días sintió nostalgia de su joven amiga y volvió a visitarla para saber si ya se le había pasado el berrinche. Y su sorpresa fue grande. La encontró deshojada, mustia y triste.

—¿Qué te pasó, mi querida amiguita, para que estés así? —le preguntó.

—Desde que te fuiste de mi lado —contestó humillado el rosal— unas orugas grandes y feas treparon por mi tronco y sin respetar mis espinas, comenzaron a devorar mis hojas y hasta se animaron a estropearme las flores.

A lo que el sapo contestó con humildad y sin rencor.

—Justamente ésa era mi misión a tus pies. Faltaba que te dieras cuenta…

La gran señal

Cada cual tenía sus gustos. Y como cada uno respetaba los del otro, se llevaban bastante bien. Ella era muy familiera, y no se perdía casorio, bautizo o lo que fuera, con tal de reunirse con los suyos que vivían lejos. Y si era necesario viajar, mejor. Él en cambio prefería la soledad. Le encantaba navegar. Pero como Vito Dumas: a vela y solo. Nada de motor, o cosa que hiciera ruido. Con mucho esfuerzo y sacrificio se había agenciado de un pequeño velero y con él salía mar adentro a gozar de la libertad que da tener como únicos compañeros al mar y el cielo.

Ese fin de semana incluía un feriado trasladado al lunes. La señora aprovechó para irse con sus dos hijos al casamiento de su sobrina que vivía en una ciudad del interior. A él le quedaba la oportunidad de dos días de navegación. Y se preparó para ello. Trasladó al velero dos bidones de agua potable, y una conservadora con lo necesario para dos o tres jornadas. Y luego de dejar sus datos en la prefectura de la costa se largó mar adentro aprovechando de un día algo bochornoso, pero con mar sereno y viento suave.

Al rato de haberse alejado de tierra, se fue quedando dormido, acunado por el vaivén de las olas, y cansado de una semana agotadora de trabajo bancario. Su sueño fue tan profundo que las horas transcurrieron sin que se diera cuenta. Sólo al despertarse se percató de la imprudencia. Un frente de tormenta amenazaba en el horizonte, y su brújula le indicaba que ella venía de tierra adentro. No había mucho más que hacer que prepararse para enfrentarla, y pedir a Dios que pasara cuanto antes. Para ello fue amainando la vela hasta lograr desatarla de la parte superior arrollándola al pie del mástil para ofrecer la menor resistencia posible al viento. A los primeros embates del temporal, se sentó sobre la vela y se sujetó fuertemente al palo.

Siempre había sido un hombre de fe. Pero en aquellas circunstancias, su oración se hizo más intensa:

—Señor Dios. Soy tu hijo. Me pongo en tus manos. Sé de quién me fío. Pero no te olvides de mí en estas circunstancias. Sólo vos podés ayudarme. Hacé que la tormenta pase pronto, y pueda volver sano y salvo a tierra con mi velerito.

Luego de hecha y repetida hasta el cansancio esta sencilla pero ardiente oración, no le quedaba por hacer más que resistir y esperar. Y su fe fue puesta a prueba. El temporal arreciaba cada vez más, y no parecía detenerse. Como que no sólo no paró, sino que duró toda la noche del sábado y toda la jornada del domingo. Ya no tenía puntos de referencia ni en el cielo ni en la tierra, por lo que se fue dejando llevar a la deriva, puesta su confianza inquebrantable sólo en Dios su Padre.

Así amaneció el lunes, en medio del oleaje y del viento. Y entonces sucedió lo inesperado. El velero se estrelló violentamente contra unos arrecifes, destrozándose por completo. En estas circunstancias se aferró aún más fuertemente a Dios, y al mástil de su embarcación, que lo mantuvo a flote hasta que las olas lo arrojaron a una playa desconocida para él. Agotado, su deseo de supervivencia le dio el ánimo como para arrastrar el palo que lo había salvado y del cual aún colgaba la vela totalmente empapada de agua, como él mismo. Con las pocas fuerzas que le quedaban trepó el médano de la orilla y logró refugiarse detrás de unos matorrales. Allí colocó el mástil horizontalmente sobre unos troncos, y extendió la lona haciéndose una carpa provisoria. Aseguró sus bordes con troncos y piedras, y la cubrió con ramas verdes que arrancó de los árboles.

Con ello al menos tendría un refugio provisorio, mientras esperaba el auxilio que rogaba a Dios no tardara demasiado.

Mientras tanto había que hacer algo. Porque el hambre lo atenazaba. Y también el frío, al estar totalmente empapado por el agua. Buscó en sus bolsillos la brújula para tratar de orientarse. Pero no la encontró. El mar se la había tragado al igual que todo lo que tenía. Solamente, y por pura providencia, pudo encontrar en algún perdido rincón de sus ropas un pequeño encendedor. En aquellas circunstancias tenía una enorme importancia. Y pensó para sus adentros que aquello era una prueba más de que Dios estaba con él, a pesar de todos los pesares. Luego de muchos esfuerzos y paciencia, logró finalmente sacar del encendedor la chispa para encender un fueguito.

Pero no bastaba. Había que buscar algo para comer, a la vez que tratar de secar su ropa. Por eso, se fue sacando una a una sus prendas, colgándolas como pudo del mástil que hacía de cumbrera de su improvisada carpa, lo suficientemente cerca del fuego como para que se fueran secando. Casi en ropas menores y tiritando de frío salió a caminar por la playa tratando de encontrar algo con qué alimentarse: algún pez, cangrejo o marisco que las olas hubieran arrojado a la arena. Y ¿por qué no? tal vez alguna fruta silvestre con la que Dios lo ayudara en aquella playa extraña y solitaria.

Aunque su fe era puesta a una dura prueba, no quería abandonar esa última esperanza. Confiaba en el amor de Dios por sus hijos, y en especial en su providencia para con él, ya que se había puesto totalmente en sus manos. Pero faltaba aún lo peor. Y fue lo que en ese momento vio: una densa humareda le mostraba el lugar donde tendría que estar su carpa.

Un golpe de viento había tirado sobre el fuego el pantalón que se estaba secando. Y a partir de allí ardió la ropa, luego la lona de la vela y con ella todo el ramaje verde que había colocado encima. Se sintió sobrecogido por el espanto y comenzó a correr hacia el lugar. Para cuando llegó, todo era ya un montón de brasas. Nada le había quedado de lo poco que se había salvado del naufragio. Fue tal su congoja, que se sentó sobre un tronco y comenzó a llorar, con la cara entre las manos, acurrucado como un chico. Y su oración se volvió protesta:

—Señor Dios: me puse en tus manos. Mirá cómo me respondiste. Esto era lo único que tenía, y te lo había confiado. No me escuchaste. ¿Por qué, Padre, me has abandonado? Si eras vos mi sola esperanza, en la que me apoyaba. ¡No te entiendo! ¡No te entiendo...!

Pero el sueño y el cansancio finalmente lo vencieron. Y allí quedó, sentado sobre aquel tronco, con la cara sobre las rodillas, profundamente dormido. Fue la respuesta de Dios, desde los cielos, durante aquella noche, que afortunadamente ya no fue tan fría.

Tan dormido estaba, que le costó reconocer en la penumbra del amanecer, que aquello que lo despertaba era nada menos que la sirena de un barco.

Cuando finalmente logró darse cuenta, la alegría y la esperanza lo hicieron ponerse de pie de un salto. Cortando al pasar una gran rama verde, trepó a todo correr el médano para hacer señales a aquel barco para que lo descubriera y lo rescatara. Pero no fue necesario. Al llegar a la lomada, vio que un bote de la prefectura con cuatro marineros venía a su encuentro desde el barco.

—Sí. Venimos a buscarte —le dijeron con la alegría de haberlo encontrado.

—¿Y cómo descubrieron que yo estaba justamente aquí? —les preguntó.

—¡Por la gran señal de humo que nos hiciste ayer a la tarde!

Se tenía Fe

Martín Lutero King fue un hombre que hizo una clara opción por la luz. Y por la violencia de la luz. Ésa que busca hacer crecer al hombre. La que supera el miedo y nos puede hacer crecer hasta asumir la vergüenza.

Porque el valor nace en el hombre cuando la vergüenza supera al miedo. Cuando logramos ver la raíz del mal en nosotros mismos, y la enfrentamos, asumiéndola a fin de superarla. Entonces podremos reconocer también el actuar del mal en los demás, y de esta manera los podremos ayudar a enfrentarlo y vencerlo.

Pero esto tiene un costo: la vida. No la vida del otro, sino la mía. Ya no se opta por matar, sino que se acepta la posibilidad de morir. Y no como una mera hipótesis, sino casi como una certeza. La opción por la luz desatará inevitablemente la violencia de las sombras en aquellos que no logren superar el miedo. Porque la imposibilidad de asumir su propia responsabilidad en el mal, impide que la vergüenza los haga crecer, y en su lugar crece el miedo que mata. Y creyendo apagar la luz, asesinarán a quienes hayan hecho una opción por ella.

De esto fue bien consciente nuestro hermano evangélico de raza negra, el pastor Martín Lutero King. Él mismo nos cuenta de su lucha interior frente a la certeza de que sería asesinado por su clara opción por la lucha no violenta en favor de la plena integración racial en su pueblo. Parece que el miedo hizo su aparición invitándolo quizás a no exponerse a la luz. Y entonces, acudió a la FE. Porque era un hombre de Dios. Tenía fe en el Dios que es Luz. Y se animó a contarlo en una pequeña anécdota, que trasmitió poco antes de su muerte. Como todo lo importante, lo dijo en forma concisa y genial:

—*El miedo llamó a mi puerta.*

La Fe salió a abrirle...

¡y no había nadie!

Fue asesinado de un balazo en el año 1968, en Norteamérica. Desde entonces vive en la **LUZ**.

Lenguaje cifrado

Se estaba preparando una peregrinación a un conocido santuario de la Virgen, allá en San Nicolás. Toda la parroquia se había puesto en movimiento, y comenzaron a cursarse las invitaciones. Algunos que no podían ir personalmente quisieron adherirse espiritualmente, colaborando con una cuota que permitiera a otro menos pudiente realizar ese viaje. Era una manera inteligente y bien cristiana de unirse a los peregrinos.

Aprovechando de esa colaboración, fueron a ofrecerle el lugar en el colectivo a un hombre ya algo mayor, conocido y querido por todos en el pueblo. Como para no identificarlo demasiado, por si acaso, vamos a llamarlo don Arnulfo. Persona de pocos recursos, que cuida una quinta de las afueras. Por ese servicio puede tener allí alojamiento gratis, aprovechando de alguna de las oportunidades que le da el lugar, y cultivando alguna cosa. Y para lo demás, se agencia en lo que puede, como suele suceder en nuestro pueblo sencillo.

La gente de la parroquia fue a invitarlo a don Arnulfo para que se uniera al grupo de peregrinos que irían al Santuario. Sabían que lo que le faltaba en instrucción religiosa, el buen hombre lo suplía con una fe profunda y sencilla, y sobre todo con una confianza a toda prueba en el poder intercesor y milagroso de la Virgencita. Y aprovechando de estas circunstancias, le dijeron:

—Don Arnulfo: venimos de parte de la Virgen de San Nicolás a hacerle una invitación para que la visite. Mañana salimos en colectivo y Ella quiere que venga usted también para visitarla en su casa. A lo mejor tiene un regalo que hacerle: ¿quién sabe? Porque sabemos que usted la quiere mucho a Ella y Ella también a usted. ¿Va a venir, no?

—Miren: yo sería gustoso de ir, pero vean... no puedo. Ando medio pobretón de pilchas. Y además tengo que cumplir con los patrones que probablemente mañana vengan a la quinta, y quiero que la encuentren preparada.

Todos sabían que en el fondo el hombre estaba recurriendo a excusas. Pero lo hacía con delicadeza. Por lo que le explicaron que no se preocupara por los gastos, porque la cosa era gratis. Tampoco por las pilchas, porque a la Virgen no le interesa la ropa de sus hijos, sino el corazón. Pero el hombre tenía su pudor, y no hubo manera de convencerlo. Finalmente, como para llegar a un arreglo, les dijo:

—Llévenle mis saludos a la Virgencita. Y díganle que si tiene algo para mí, que me lo mande con ustedes. Porque Ella ha de saber que ando medio escaso y galgueando.

Así se lo prometieron, y lo cumplieron. Alguien de ellos se acordó y le consiguió uno de esos rosarios de plástico, que suelen regalar en el Santuario junto con una medalla y la estampita de Nuestra Señora del Rosario. Todo ello en una simple bolsita de polietileno transparente. El peregrino hizo bendecir esos objetos por el cura que atendía en esos momentos frente a la imagen sagrada, y ni bien regresó, fue a entregárselo a don Arnulfo, que los agradeció muy de veras, mirando con un poco de curiosidad aquel objeto extraño para él, que era el rosario de hilo con cuentas de plástico blanco.

Al día siguiente se lo vio radiante, comentando a quien quisiera oírlo, el milagro que le había hecho la Virgen de San Nicolás.

—¡Qué buena la Virgencita! ¡Es más milagrosa que el diablo! Me mandó para mí este collarcito —decía mostrando el rosario—. Yo le conté las pelotitas y le jugué al 59. *¡Y salió nomás!*

Temor imaginario

Se trataba de un circo grande. Pero grande en serio. Tenía todo lo que un buen circo tiene que tener. Había equilibristas que hacían maravillas de acrobacia en el aire, dejando sin aliento a los espectadores. Un grupo de bailarinas mostraba todo lo que se puede mostrar en su arte, con poca ropa y muchas plumas. Los domadores de fieras eran capaces de hacer saltar a los tigres a través de aros de fuego, para terminar haciéndolos acostarse como mansos corderitos a los pies de la fiera figura del hombre con su látigo. Había payasos que hacían reír con sus inocentes extravagancias y con sus estrafalarias vestimentas llenas de bolsillos y remiendos de colores.

Había prestidigitadores capaces de asombrar a los más incrédulos, haciendo aparecer y desaparecer las cosas ante los ojos atónitos de quienes pretendían descubrir sus trucos. Por supuesto que no faltaban los animales exóticos, al menos para nuestro mundo rural y de pueblo pequeño: jirafas de largo cuello terminado en una pequeña cabeza con cuernitos. Cebras que parecían burros escapados de alguna imaginaria cárcel animal. Elefantes bonachones, que aceptaban con el movimiento agradecido de sus grandes orejas, las galletitas que los niños cálidamente le ofrecían. Y entre tanta maravilla se contaba un grupo de doce enanos que era el deleite de los pequeños, tanto por la ternura que suscitaban, cuanto por su tamaño que los acercaba a la infancia a pesar de sus caras de adultos.

Pero en este circo sucedió algo preocupante. Se declaró un principio de epidemia de hepatitis. Los responsables tomaron inmediatamente las medidas necesarias para evitar cualquier evolución negativa de la enfermedad. Una junta médica se reunió, y aconsejó cerrar por veinticuatro horas la carpa, procediendo a una desinfección total y minuciosa, tanto de los locales, como de las vestimentas e instrumentos que allí se utilizaban.

El directorio del circo reunió a todo el personal y les habló así:

—Muchachos y chicas, tienen asueto total hasta mañana a las doce del mediodía. Se les pagará la jornada completa y además recibirán un viático suficiente como para que puedan organizar su propio programa donde quieran. Tendrán que dejar en el circo sus ropas de espectáculo, llevándose consigo sólo lo que necesiten para un día de vacaciones. ¡Hasta mañana y buen descanso!

Para la mayoría de los integrantes del elenco del circo, fue sencillo y agradable hacer su propio programa. La ciudad era lo suficientemente grande como para ofrecer oportunidades a los equilibristas, bailarinas, domadores, prestidigitadores, etcétera. No lo era tanto para el grupo de doce enanos, que no hubieran encontrado fácilmente dónde integrarse. Por eso se reunieron, y luego de una prolongada deliberación, resolvieron organizar su propio programa. Harían un partido de fútbol de seis contra seis. Para ello disponían de una canchita cercana y de un equipo de seis camisetas coloradas y otras seis azules.

El problema era dónde encontrar un lugar seguro para cambiarse, dejar sus pertenencias, y sobre todo, poder ducharse luego de la competencia deportiva. Daban por descontado que tendrían mucho público para aplaudirlos, y pensaban jugarse en serio por sus colores. Frente a la cancha estaba el club. Y allá fueron. Hablaron con el encargado, que los recibió con cariño y benevolencia:

—¡Encantado, muchachos! Para mí será una manera de agradecerles toda la alegría que les dan a mis chicos cuando van al circo. Seguramente ellos estarán entre los primeros espectadores. Miren: aquí tienen esta sala, con las duchas preparadas. Les entrego la llave. Utilicen el local para cambiarse, y dejen todo lo que necesiten dejar, que yo me encargaré de cuidárselo.

Al rato llegó el grupo de los doce, camiseta en mano, y se metió en la sala. Y dio la casualidad que en ese mismo momento, por la otra entrada, cayó al bar un mamao. No era un alcohólico. Era simplemente un desocupado que hacía su recorrida matinal echándole combustible a su soledad. Lo cierto es que ya venía adobao... como pa'l horno. Se acomodó contra el mostrador, apoyó el codo izquiedo contra la mesada, y para afirmarse sobre su pie de apoyo, sacó el anca como para estacionar. Y allí quedó consigo y sus circunstancias, mientras esperaba que le sirvieran la copita que había pedido.

En eso estaba, cuando de repente se abrió la puerta y salieron en alegre fila india los seis primeros enanitos futbolistas, ya vestidos con la camiseta azul. Enfilaron hacia la puerta de salida, y pasaron por detrás del hombre casi rozándolo. El mamao no podía salir de su asombro. Los miraba con ojos extraviados tanto por la sorpresa cuanto por los vapores etílicos que le nublaban la visión y las pensaderas. Los siguió con la mirada hasta que se perdieron de vista. Luego trató de aclarar sus ideas vaciando la copa que ya le habían servido, como para encontrar en el fondo del vaso algún argumento que se lo explicara.

Y ahí sobrevino lo que no esperaba. Por la misma puerta que salieran los primeros seis, ahora salieron los otros seis pequeños deportistas, pero con la camiseta roja. Y ahí sí, se nubló del todo. Casi pierde el equilibrio por tratar de seguir con la mirada fija al grupo que tomando la puerta, pasó frente al ventanal y se perdió rumbo a la cancha. El pobre hombre, presa de una honda agitación, llamó al encargado como pudo y a los gritos:

—¡Mozo, Mozo! ¡Venga! ¿No vio...?

—Sí ¿qué pasa? —le preguntó con calma el dependiente, asombrado por la agitación y estado de conmoción que mostraba el mamao.

—¿Cómo, qué pasa? —respondió éste—. ¿No ve que se le está desarmando el metegol?

Ruralia

Este cuento lo aportó un veterinario de 9 de Julio. Solía asistir a los cursos. Andando el tiempo, pude bendecirle el matrimonio de sus hijos, y, bautizarle sus nietos. Pero en aquellos años, los gurises todavía eran adolescentes.

Cuando Dios andaba creando el mundo, decidió hacer las cosas bien. No sólo creó cada vegetal y cada animal, sino que además fue anotando prolijamente en hoja aparte, la ciencia necesaria para el buen manejo de cada uno de los seres que iban saliendo de sus manos.

Ustedes ya imaginarán que para cuando tuvo todo creado y anotado, el montón de escritos era realmente importante. Tenía todas las hojas muy bien apiladas sobre su escritorio celestial. El séptimo día es siempre en el Cielo un día de descanso. Aquella mañana brillaba luminosa y fresca.

Tata Dios sentía alegría por su creación. Y decidió ir a echarle un vistazo al mundo desde el cerco del cielo. Se arrimó al borde, puso un pie en el segundo alambre y acomodando el codo sobre la saliente del torniquetero se quedó mirando su obra. ¡Linda se la veía desde allí! Y ya pensaba en el momento en que la entregaría al hombre, junto con todas las hojas sueltas encuadernadas en un libraco, conteniendo la ciencia de los animales y de las plantas.

Viento, sí había. Y bastante fuerte. Pampero, para mejor. Por algo el aire estaba despejado. Y como en el Cielo todos son buena gente, allí siempre todo quedaba abierto. Y en un día como ése, los potrillos y los angelitos andaban por demás de retozones. La cuestión fue, que en una de esas corridas (o *volidos*, como quieran) dos angelitos que andaban persiguiéndose mutuamente, pasaron a todo volar por la puerta abierta de la oficina de Tata Dios, saliendo al otro lado por la ventana. En la disparada atropellaron la pila de hojas que había sobre el escritorio y el viento se la llevó, desparramándola por el mundo que quedaba allá abajo. Tata Dios vio como cada una de ellas caía sobre un trozo diferente de campo. Pero no se enojó. ¡Qué se iba a enojar... si había sido sin querer! Y las dejó caer nomás. Para que allí quedaran, desparramadas.

Desde entonces en cada trozo de campo alambrado,

duerme junto con los pastos una página del gran libro de la ciencia rural. El agrónomo que es sabio, deberá recogerlas una a una, y así de a poco, podrá nuevamente ir armando el gran libro del conocimiento de la sabiduría de Tata Dios.

Cuando esté completo, Tata Dios sonreirá. Y quizás le dé por crear más cosas lindas.

*Desde entonces en cada trozo
de campo alambrado,
duerme junto con los pastos
una página del gran libro
de la ciencia rural.*

Si el trigo no se moja...

Cuando se acerca la Navidad, nuestras rutas se llenan de máquinas cosechadoras que recorren el país de norte a sur, bajando por la geografía de nuestras llanuras fértiles, siguiendo el ritmo de madurez de los trigales. Son grandes dinosaurios de metal, capaces de tragar cincuenta hectáreas de cereal en un solo día. Con un solo hombre en su cabina, recogen el grano disperso en los millones de tallos que sostienen las espigas maduras. Son máquinas tan sofisticadas, que mientras realizan su trabajo guiadas por un solo hombre, mandan todos los datos vía satélite a una computadora que se encuentra en las oficinas de la administración de la estancia. Son una maravilla de la ciencia y la tecnología. Dos o tres personas más manejan los camiones que llevarán la bendición del trigo hasta los silos de la ciudad más cercana. Así, en un solo día, y con muy pocas personas, se realiza actualmente la cosecha en nuestros campos.

Pero la cosa no fue siempre así. Hasta no hace mucho la cosecha tenía tres etapas bien diferenciadas, y ocupaba una enorme cantidad de trabajadores. Primero venía la cortada, luego la emparvada, y finalmente la trilla. Grandes grupos de peones tenían que colaborar en tareas bien diferentes para que el grano de las espigas que se acunaba en los campos llegara finalmente a los galpones del ferrocarril. Y otros muchos seguirían siendo necesarios para que esas bolsas estuvieran finalmente estibadas en las bodegas de los barcos que llevarían el trigo al otro lado de los mares.

Trasladémonos mentalmente al tiempo de nuestros abuelos. Apenas bajados de los barcos, se adentraban en nuestras llanuras, extasiados de ver tanta tierra en paz, que los esperaba para devolverles multiplicados los puñados de trigo que le sembraran. Con las manos que acababan de dejar las armas de guerra allá en su patria querida, aferraban ahora la mancera del arado, abriendo surcos en la tierra. Lo hacían en los días de las heladas más fuertes, porque el trigo se siembra para junio. Pocas semanas después ya lo veían aparecer en verdes líneas rectas sobre el negro de la tierra húmeda.

Primero había que defenderlo de la maleza invasora, y

después de las mangas de langostas. Estos animalitos, viniendo del norte, devoraban todo lo verde que encontraban a su paso, dejando detrás suyo los campos inundados de sus huevos, que al hacerse mosquita y luego saltona, terminarían con todo lo que rebrotase. Con el estrépito de tarros y ondear de banderas se recorría los campos tratando de que aquella invasión no acampase en los trigales, obligándolas a asentarse un poco más allá, no importaba demasiado dónde.

Finalmente llegaba la cortada. Al principio se hacía con la hoz o la guadaña. Más tarde aparecieron cortadoras tiradas por varias yuntas de bueyes. El cereal, todavía sin madurar, quedaba tendido en el campo unos dos días en espera que los solazos de diciembre lo secaran lo suficiente como para poder emparvarlo sin peligro de que se ardiera. Y entonces se miraba al cielo, implorando que no lloviera. Porque la desgracia de varios días de lluvia sobre el trigo cortado y desparramado por los campos, podía hacer perder toda la cosecha. Las espigas golpeadas por el aguacero dejarían caer sus granos, que ya sería imposible recoger del piso. Y además no se podía emparvar el cereal cortado, si no estaba bien seco. La humedad de la paja hubiera producido fermentación, y ésta al aumentar la temperatura provocaría el incendio de toda la parva. Para que se secara bien, luego del aguacero, se hacía necesario remover con la horquilla todo lo cortado para que se aireara y secara en forma pareja. Y eso exigía nuevamente grandes esfuerzos y mucha gente trabajando en las horas de más sol.

Por eso digo que se miraba al cielo implorando que no lloviera. Pero a veces llovía y el trigo se mojaba. Y sin embargo los viejos chacareros no se desesperaban. Reunidos bajo el alero del rancho mateaban largo, sintiendo aquella lluvia como una bendición. Porque mientras el trigo cortado se tenía que secar en los campos, allí mismo en el potrero de al lado, el maíz que buscaba florecer, necesitaba ansiosamente de esa agua. Y se repetían como un axioma, o una jaculatoria.

—¡Deje, nomás, que el trigo se moje, que sino no viene el maíz!

Frase que poéticamente el Viejo Ascani, chacarero de la zona de 9 de Julio, decía en su castellano cocoliche:

—¡Ma... si el trigo non se moca... no hay troca!

Si el trigo no se moja, no hay troja. Expresión de sabiduría paciente, que sabe que en la naturaleza cada cosa colabora para el bien de la totalidad. Y que el equilibrio de la vida incluye también la muerte. Y sobre todo, experiencia de vida, que sabe ver lo positivo hasta en las peores circunstancias que nos acontecen.

Y si todo iba bien, sólo entonces llegaba el momento de juntar todo lo disperso para apilarlo prolijamente en las grandes parvas de trigo, que esperarían su turno para ser desgranadas. Era hermoso ver nuestras pampas puntuadas por la presencia de las parvas. Algo que inspiró a uno de nuestros grandes poetas rurales, Nalé Roxlo, su pequeño poema. Ése que tuve que aprender en mi escuelita:

¿Quién pudiera distinguir

sobre el campo, a la distancia,

si aquel pobre montoncito

es un rancho o una parva?

El mismo color de tierra,

la misma forma aplastada;

el mismo aspecto de abrigo,

de pequeñez resignada.

Una parva es un ranchito

sin puertas y sin ventanas.

El buey que trilla

El que le enseña estas reglas, el que lo instruye, es su Dios.

El hinojo no se trilla con el rastrillo, no se pasa sobre el comino la rueda del carro:

el hinojo se golpea con la vara y el comino con el bastón.

¿Se tritura el grano? No, no se lo trilla indefinidamente, se hace girar la rueda del carro, se lo machaca, pero no se lo tritura.

También esto procede del Señor de los ejércitos, admirable por su consejo y grande por su destreza.

Isaías 28, 26-28

Hasta no hace mucho la trilla se seguía haciendo como en los tiempos de Isaías. Dependía del grano. Pero, por lo general, los cereales eran trillados en galpones. Sobre el piso firme se amontonaba la cantidad suficiente de cereal y sobre él se hacía correr la yeguada. Desde afuera del círculo, o también desde el mismo centro, una persona animaba a las bestias a grito y látigo. A esto se lo llamaba trillar a yegua suelta. Cuando se consideraba suficientemente triturada la paja y desprendido el grano, se sacaba los animales. Con la horquilla se sacudía todo para que el grano cayera al piso y el resto se sacaba afuera para destinarlo a forraje, o para el pisadero de ladrillos. Una vez apilado el grano en lugar aparte, se volvía a repetir la tarea con una nueva carga de trigo, hasta que se pasaba toda la parva bajo las patas de la yeguada.

Venía entonces el segundo paso, que era aventar el grano. Había que esperar la ocasión propicia, es decir un día de viento fuerte. Si era del norte y seco, mejor. Esta vez sobre una gran alfombra de lona se colocaba una zaranda de metal. Se la colocaba calculando que el viento le diera del lado de abajo. Y sobre ella se tiraba el grano con la pala y desde una cierta altura, para que el viento se llevara la paja molida y el grano cayera limpio sobre la lona. Luego se embolsaba o guardaba en grandes tinajas, en espera de convertirlo en harina o venderlo.

Pero podía suceder que la trilla se hiciera con bueyes, a

la usanza antigua. Entonces el grano no se amontonaba sino que se distribuía en un gran círculo. No se podía hacer trotar los bueyes, como se hacía con la yeguada. La cosa era más lenta, pero también más concienzuda. El cereal no era triturado por las pisadas del animal, sino por las ruedas de un carro o de un trillo del cual tiraban los animales. La cosa llevaba su tiempo y el ritmo era otro. Frente a esa paja sazonada y con grano, al paciente animal era lógico que se le despertara el hambre. Agachando la testuz sobre la que pesaba el yugo, y al ritmo lento de su paso, agarraba una bocanada del forraje y lo comía mientras trabajaba.

Había quienes, por egoísmo o insensibilidad, se lo impedían colocándole en el hocico un morral. Era éste una especie de canasto en forma de cono, que dejándolo respirar, le impedía comer. A veces el método era más brutal, y directamente se le ataba el hocico con un bozal, impidiéndole abrir las mandíbulas.

Desde antiguo se vio la crueldad que esto significaba. Porque era colocar el animal frente a su comida, negándole simultáneamente tener acceso a ella. Y esto precisamente cuando estaba entregando todas sus fuerzas y su trabajo en beneficio de su amo. La sabiduría popular acuñó entonces una ley que se hizo tan importante, que Dios mismo la incorporó a sus mandamientos:

—***No pondrás bozal al buey que trilla.***

Y san Pablo nos asegura que el Señor no lo dice en primer lugar por los animales, sino por nosotros los hombres.

Porque son tantos nuestros hermanos hombres que trabajan como animales para que unos pocos tengan todo el usufructo de aquello que ellos crean sin poder nunca disfrutarlo.

Lo de adentro

Se pueden adquirir ciertos hábitos nuevos. Con esfuerzo hasta se logra imitar las costumbres de los demás. Pero lo que no es fácil es dejar de ser uno mismo. Y las circunstancias imprevistas suelen colocarnos ante sorpresas que hacen aflorar nuestra verdadera identidad. Ésa que quisiéramos ocultar para engañar a los demás, quizás engañándonos sólo a nosotros mismos.

En nuestra tradición narrativa, el zorro es un animal que aparece en los cuentos como el símbolo o imagen de la astucia. Bicho ladino, representa la viveza criolla y la habilidad para inventar maneras de zafar de los peligros, o de usufructuar circunstancias. Pero muchas veces la sabiduría popular lo muestra cayendo en sus propias trampas. Y sabemos que los cuentos de animales son una de las maneras de mostrarnos, como en un espejo simpático, nuestras propias miserias o bestialidades.

La vida se había puesto dura, y cada bicho trataba de salvar su propio cuero. Había que buscarse el sustento diario, sin dar oportunidad a los otros de que se lo comiera a él mismo. Las perdices por ejemplo, salían a los potreros para picotear su alimento, pero con la guardia siempre lista para huir a tiempo en caso de peligro. Ya no eran esas aves ingenuas, que se llevaban por delante los alambrados, o caían tontamente en las trampas de cimbra que los chicos les colocaban en sus caminitos habituales. Ahora, después de cada grano que recogían, levantaban la cabecita, y miraban por sobre los pastos para avizorar a tiempo los peligros. Y además se habían vuelto expertas en interpretar cualquier sonido extraño que les revelara la presencia del zorro u otro depredador agrario. Pero seguían llamándose entre sí con un silbido familiar:

—¡*Piiiii piii pii pipipipipiiii!* —Fuera de este lenguaje sencillo y propio, las perdices no creían en ningún otro tipo de llamado.

El zorro se percató de que la única manera de seducirlas, sin que se dieran cuenta, sería tratar de imitarlas. Y trató de ensayar su silbido. Pero pronto se dio cuenta de que no le resultaba posible, porque su ancha boca no lograría emitir un sonido tan finito y delicado. Con semejante hocico era inútil tratar de producir un silbido. No había caso. Era necesario encontrar a alguien que le diera un buen consejo. Por lo que se fue a visitar a la comadreja, que era su comadre.

Ésta lo escuchó y estuvo de acuerdo que con semejante trompa nunca podría aprender a chiflar. Por eso le aconsejó que se cosiera la boca dejando sólo un pequeño agujerito por el que podría sacar el silbido. Pensaba que era dolorosa, pero también lo era el hambre. Y pensando que la posibilidad de conseguir alimento bien valía el sacrificio, se dejó hacer el trabajo. Con una espina de acacia negra y una fina fibra de *caraguatá*, la comadreja le zurció el hocico de una manera apropiada.

Y allá partió don Juan el zorro, por esos campos de Dios, ensayando el silbido de la perdiz: *Piiiii piii pii pipipipiiii. Piiiii piii pii pipipipiiii Piiiii piii pii pipipipiiii.*

Cada vez el silbido le salía mejor. Por lo que se fue entusiasmando y poniendo toda su atención en lo que hacía. Tan ensimismado iba en esta tarea que no se dio cuenta de que realmente había logrado engañar a una perdiz gorda y medio tonta, que lo dejó acercarse casi hasta pasarle al lado. La primera que se dio cuenta de la presencia del otro fue la perdiz, la que al percatarse de que se trataba nada menos que del zorro, arrancó en un vuelo desesperado, con su ruido característico:

—¡Frrrrr! ¡Frrrr! ¡Frrrr!

Y el zorro, que estaba en mitad de su silbido, y con la mente en otra cosa, se pegó tal susto, que sin poderlo reprimir, brincó de un salto para el costado. Y mientras hacía saltar todas las costuras de su hocico, le salió de adentro su viejo y ancestral grito de zorro:

—¡*HUACC*!

Las goteras

La antigua Estancia La Esperanza, de don Nepomuceno, había sido en su tiempo un establecimiento modelo. Y su casco uno de los más equipados de la región. De sus techos de teja se recogían las aguas pluviales para almacenarlas en un aljibe con brocal revestido de azulejos, que hacían juego con la galería de tipo andaluz que daba al frente.

Pero el tiempo pasó. Los herederos subdividieron el campo, quedando la casa principal medio abandonada. En ella el descuido fue ganándolo todo poco a poco. Sobre todo los techos. Las canaletas se llenaron de pasto, nidos de gorriones, y hasta de algún que otro animalito a quien la muerte sorprendió allá arriba. Como para que no quedara desierta, y mientras se arreglaba el interminable litigio de sucesión, le permitieron a un viejo puestero que la habitara con su familia.

Como no era suya, y por lo demás, los años no le daban para mantener los techos en buen estado, el hombre se había ido acostumbando a que las goteras lo tuvieran de un lado para el otro cuando alguna lluvia fuerte azotaba los campos. Y era lo que estaba sucediendo aquella tarde cuando llegó un forastero. Corrido por el temporal, pidió asilo al viejo criollo, dando por descontada su hospitalidad gaucha.

Y no sólo se lo recibió. Sino que se lo agasajó, invitándolo a sentarse junto al fuego que ardía en el viejo hogar. Mientras se iba asando un pedazo de costillar, comenzó a circular el mate, y con él se animó la conversación entre el forastero y el paisano. Las goteras obligaban continuamente a estar corriendo las sillas, para no mojarse demasiado. Por lo que el hombre comentó a su hospitalario anfitrión.

—¡La pucha, que hay goteras!

—¡Sí? ¿No? Es una tremendidad el agua que dentra cuando le da por llover. Los techos están medio viejones y estropiaos.

—Y yo digo ¿no? ¿Por qué no los hacen arreglar?

—Es que si salimos a arreglarlos con este temporal, nos mojamos más todavía.

—¡Bueno, se entiende! Pero ¿por qué no las arreglan cuando no llueve?

—¡Es que cuando no llueve, no hay goteras!

Sabiduría de vida

En junio de 1977, un domingo por la mañana, mi padre moría de un derrame cerebral. Providencialmente en ese día estaban reunidos en casa varios de mis hermanos. Algunos recién llegados para pasar el domingo con mis viejos, y otro a punto de partir luego de unos días de visita. Además de algunos que aún eran solteros y vivían con ellos.

Y murió contando un cuento. Una de esas tantas anécdotas que habíamos escuchado desde niños. Generalmente basadas en un hecho histórico, pero que mi padre convertía en sabroso relato gracias a su imaginación frondosa y a su arte de contar. Tenía fama de macaneador, más por exagerado que por mentiroso. Pero como ya se lo conocía, todos tratábamos de motivarlo para que se largara a contar. Y ese día, el especial clima de familia reunida, creaba la situación ideal que necesitaba su arte narrativo.

Yo no estaba allí. Me encontraba en Buenos Aires. Más precisamente en el Monasterio de las benedictinas de Santa Escolástica, en Victoria, diócesis de San Isidro. Era un día muy especial. En la misa solemne de ese domingo recibiría la bendición como abadesa de la comunidad, la madre Leticia Riquelme, una joven monja recién elegida para ese cargo. Y todos los superiores de los demás monasterios habíamos venido para concelebrar la Eucaristía y participar de la alegría de este acontecimiento eclesial y monástico. Fue al terminar la ceremonia cuando dos de los abades mayores me llamaron aparte para anunciarme la noticia que habían recibido antes de la misa. Mi padre acababa de fallecer allá en Avellaneda de Santa Fe, a ochocientos kilómetros de donde me hallaba, ajeno a todo lo que sucedía en mi familia. Sólo pude encontrarme con los míos, después de un largo viaje, en la madrugada del día siguiente.

Y de a poco, como en pequeñas entregas me fui enterando de los detalles de lo vivido. Estaban todos reunidos en la cocina grande. Reinaba un clima especial, porque ya habían llegado dos de mis hermanos con parte de sus familias, y otro de mis hermanos retrasaba su partida luego de unos días pasados con ellos. Mientras mateaban, la conversación recayó sobre un tema que preocupaba a todos los que tenían chicos en las escuelas. Porque, un poco por todas partes, cundía una epidemia de piojos. Y cada uno proponía el método más apropiado para combatirlos. Unos habían optado por rapar la cabellera de los chicos en edad escolar. Otros habían conseguido no sé qué marca de champú que decían ser muy efectivo. Y otros recurrían al peine de dientes finos. Y allí fue que entró a tallar mi viejo con un recuerdo de sus tiempos de niño.

Comenzó a contar a su manera el caso. Hubo por aquel entonces una severa epidemia de piojos que no respetaba ni raza ni color, ya que tanto colonos como criollos eran portadores del mismo inquilinaje. Apareció en la zona un gringo sobreviviente de las trincheras de la guerra del catorce, trayendo un método secreto que decía tener un efecto infalible. Su secreto era muy sencillo. Consistía en una pasta hecha de yeso y harina, con la que se cubría toda la cabellera del paciente en forma de casco. Había que dejarla así durante tres o cuatro días, hasta que se secara. Lo difícil era sacarse semejante revoque al final del tratamiento. Generalmente no quedaba otro recurso que ir levantando de a poquito el casquete, cortando simultáneamente el cabello. Evidentemente todos los piojos morían por asfixia quedando adheridos a lo que se sacaba.

Como papá y uno de mis hermanos eran bastante pelados, todos sacaron motivo del cuento para decirles que ellos no hubieran tenido tanto problema, porque con soltarles el barbijo, el casco de yeso se hubiera caído solo. En ese momento de la conversación estaban, cuando papá, entregando el mate que acababa de tomar, dio un profundo suspiro, como de asombro, y cayó hacia atrás sostenido por el respaldo del sillón. Superada la sorpresa inicial, se tomó conciencia de la situación y comenzaron todos los auxilios posibles. Llamados de apuro, llegaron casi simultáneamente el cura y el médico. Y atendido por ellos al poco rato papá entregó su alma al Creador, a los 76 años de edad.

Había sobrevivido cuarenta y dos años a una operación en la que le habían amputado su pierna izquierda, a una cuarta por encima de la rodilla. Eso pasó en mayo del año 1935. Ocho de sus trece hijos nacimos después de ese acontecimiento. Fue como un segundo período de su vida que Dios le regalaba. Y de vida plena: porque a pesar de la tremenda poda que sufriera, su amor por la vida y su capacidad para gozarla con sencillez, lejos de disminuir, se había acrecentado. Por ejemplo, recuperó o adquirió el hábito de la lectura, costumbre que había abandonado luego de los dos años de escuela primaria de su infancia. Y este gusto por la lectura lo conservó hasta su muerte. Gracias a un vecino de apellido Mangold, tuvo acceso a todas las obras de Hugo Wast, que leyó y gustó. Lo que seguramente le sirvió para alimentar su riquísima imaginación, y le enriqueció el lenguaje que siempre fue una mezcla de criollo y de gringo. Y a pesar de que en casa no había ni vino ni gaseosas en las comidas, se compraba semanalmente el periódico *El Pueblo*. Y cuando éste desapareció, se compraba el semanario *Esquiú*. Además de dos revistas mensuales a las que estábamos abonados: *El Mensajero de las Ánimas*, de los benedictinos de Victoria, Entre Ríos, y *El Joven Misionero*, de los misioneros del Verbo Divino de Villa Calzada.

Este amor por la vida y sus sencillas alegrías, explica lo que nos esperaba al regreso del entierro de papá. Fue en el atardecer del lunes cuando lo llevamos para depositarlo en el cementerio de Avellaneda, que queda un poco más allá del autódromo municipal. Mamá se había quedado en casa, donde había sido el velorio, acompañada por una cuñada y un cuñado nuestro. Mientras nosotros acompañábamos el cortejo, y participábamos del sepelio, ellos ordenaron la casa retirando todo lo referente a la pompa fúnebre. Limpiaron todo, y mamá colocó en el centro de la mesa un jarrón lleno de flores. A nuestro regreso, nos reunimos en casa solamente los íntimos. Y mamá nos dijo:

—Yo no quiero luto. A papá le gustaba la vida. Por eso quiero que haya nuevamente flores en la mesa. Póngale de nuevo pilas a la radio para que haya música. Y si a veces me ven triste, déjenme llorar, que tengo derecho a hacerlo. Cada uno en su casa: y ésta para todos.

Hasta entonces había sido una costumbre en casa tratar de usted a nuestros padres. Pero a partir de la muerte de papá, la ternura por mamá nos fue llevando de a poco a un lenguaje más familiar. Creo que muchos comenzamos a tratarla de vos.

Esta experiencia que me marcó fuertemente, me ha dejado un regalo que siempre comparto, cuando tengo que aconsejar o acompañar a quienes están pasando por un momento especial de su vida. Recordando aquello, y lo que nos significó a todos en mi familia, les digo a ellos... y a ustedes:

¡Que a pesar de todo

nunca falten flores en tu mesa,

ni música en la casa,

ni caricias en la intimidad!

Si nos duele tanto la muerte, es porque amamos la vida. Y la vida hay que celebrarla cada día en las cosas sencillas, y no queremos que se nos marchite.

*Y que a pesar de todo
nunca falten flores en tu mesa
ni música en la casa
ni caricias en la intimidad.*

El alteo

Una cosa son las inundaciones provocadas por los desbordes de los grandes ríos, y otra muy distinta las que afectan a la gran llanura pampeana. Nuestros ríos litoraleños suelen ser el resultado de la conjunción de infinidad de pequeños arroyos que reúnen las aguas de una gran cuenca hídrica, formando finalmente esos enormes cursos que recorren grandes distancias. Su formidable caudal unido a una velocidad que supera la carrera de un hombre, hace que en poco tiempo lleguen hasta el borde de las ciudades inundando con su agua los barrios más bajos de su entorno. Pero pasan rápido, dejando a veces a su paso una geografía de destrucción y hasta de muertes.

En cambio nuestra gran planicie verde, no tiene ríos en la superficie. Prácticamente toda el agua que le cae con las lluvias, termina escurriéndose hacia los bajos y por filtración desciende hasta las napas. Desde allí siguen su curso invisible, buscando el mar. Y todo esto de una manera lenta pero inexorable. Sólo mirando desde el cielo, es decir desde la altura en la que vuelan los aviones, se logra ver cómo los grandes platos de las lagunas desbordan su caudal de una a otra, cuando la cantidad de agua supera la capacidad del drenaje subterráneo.

Y entonces sobrevienen este segundo tipo de inundaciones. Son lentas. En la llanura pampeana las aguas tardan semanas en recorrer cortas distancias. Se escurren lentamente por los pastos llenando los bajos. Y apenas se abre algún pequeño curso cuando algunos de sus bordes les permiten seguir su camino por la superficie. Y aquellas que llegan a las napas, al no poder continuar su curso normal, terminan por aflorar en algún otro bajo a unos cuantos kilómetros más allá.

Y poco a poco la pampa húmeda se convierte en una enorme laguna, de poca profundidad, pero de inmensa extensión, en la que los pueblitos y las ciudades aparecen como islas defendidas con uñas y dientes por los muros de contención que la solidaridad de la gente les opone de apuro, y a puro coraje. Los caminos se cortan en los trechos bajos, convirtiéndose en pantanos en los que es imposible calcular dónde se esconde la huella profunda que atascará al vehículo que se arriesgue a cruzarlo. Las escuelitas rurales quedan aisladas y silenciosas. Ya no se siente el ronronear de los tractores que labran la tierra, porque no se puede llegar con ellos hasta las lomas donde se podría aún roturar la tierra para las siembras. Y así se pasan los tiempos de las aradas, por lo que tampoco se llegará al de las siembras y menos aún al de las cosechas.

Desde el nivel de las aguas hasta el distante mar que las espera, hay apenas un declive de algunas decenas de metros, y una distancia de varios centenares de kilómetros. Pero el declive existe y la marcha de las aguas es inexorable. Es inútil querer detenerlas en esas circunstancias. Cuando el caudal de las lluvias es el normal, la naturaleza misma ha regalado a la pampa los reservorios que conservarán ese precioso líquido en grandes lagunas de superficie, que seguirán alimentando las napas subterráneas, tan necesarias para la vida de plantas y animales. Pero cuando las lluvias superan su capacidad receptiva, sobreviene la inundación. Y el agua marcha de a pie y por entre los pastos, anegándolo todo. Ya es imposible detenerla. Y sólo en muy pequeña escala se la puede dirigir, porque necesariamente buscará los bajos y reiniciará su marcha ni bien logre colmarlos.

Lo único que se puede hacer es defender el reducto de las habitaciones humanas. Siempre que se haya tenido la prudencia de construirlo en lugares medianamente defendibles. Y eso se hace mediante el *alteo*. Es relativamente fácil hacerlo, si la cosa se toma con tiempo, pero es imprescindible realizarlo si no se quiere que la vida se torne imposible donde los hombres viven su intimidad. Hay que cavar alrededor del rancho, o de la casa, una zanja que la circunde totalmente. Con la tierra extraída se fortifica el borde interior a manera de parapeto. Con medio metro de zanja ancha, y el otro medio metro de tierra apisonada en forma de contención, se dispone de una muralla de un metro de altura que salvará a esa habitación humana de cualquier llegada imprevista de la inundación. Y así cada rancho quedará convertido en un pequeño castillo sitiado, con su puente elevadizo que permitirá llegar hasta él.

Pero habrá que permanecer siempre vigilante. Se pueden dar derrumbes: la tierra caída llenaría la zanja, y entonces el agua entrará sigilosamente en medio de la noche anegándolo todo. Un peludo u otro animal que huye del peligro puede socavar la defensa, y el resultado sería igualmente desastroso. También hay que controlar el piso. Para eso es bueno prepararse elevándolo un poco con arena de médano, que al humedecerse se compacta haciéndose impermeable. Y sobre todo es absolutamente necesario precaverse con lo que se consume. Porque los excusados y pozos ciegos pueden mezclar sus aguas con aquellas que se beben y entonces tendremos directamente el mal dentro de nosotros mismos.

Hay que evitar el miedo, pero conservar el temor, con calma. Las inundaciones pasarán: la vida continúa. Y la pampa queda para seguir abrigando la vida con la fecundidad de su tierra, abrevándola con la sangre de sus napas.

Frente a la inundación cultural que nos rodea y nos incomunica: ¿no sería bueno también construir alteos que defiendan la intimidad de nuestros hogares? Ya que no está en nuestras manos el parar ni desviar el inmenso caudal que pretende anegar los valores cristianos y criollos de nuestras familias, tenemos al menos la oportunidad de construir un clima interior que nos permita vivir sanamente sin los contagios de afuera.

La canal

Sí. Así en femenino: La canal, le decían. Pasé cuatro años en un monasterio chileno enclavado en un cerro de Las Condes. En aquellos años, 1962 a 1965, aquello era campo abierto, totalmente fuera de la ciudad. Y aquel cerro estaba bordeado por dos grandes acequias que traían el agua desde la montaña. Acequias que luego se desflecaban en infinidad de otras menores que llevaban el agua hasta las distintas parcelas.

Salvo durante el lapso que iba entre el fin del invierno lluvioso y el inicio de la primavera, el resto del año la geografía del lugar era austeramente árida. Excepto en los pocos lugares donde llegaba el riego. Porque ahí sí: el agua de las acequias, sabiamente distribuida, realizaba el milagro de hacer reventar ese paisaje que canta el Himno nacional chileno:

...y es tu campo de flores bordado
una copia feliz del Edén.

Cualquier caminata que quisiéramos realizar hacia la montaña, tenía necesariamente que contar con la necesidad de encontrar el vado para cruzar las acequias, que estaban celosamente custodiadas por las zarzamoras. Era inútil buscar por otro lado. Las acequias servían normalmente de límites entre los terrenos, y aquella muralla atrincherada de espinas pequeñas, guardaba las propiedades mejor que cualquier muro de piedra medieval. Además el uso de esa vena de agua estaba regulado por una estricta legislación, cuyo cumplimiento estaba a cargo de una persona elegida por los mismos vecinos, con la autoridad necesaria para hacerla cumplir. Estaba prolijamente controlada la toma para cada parcela, y los horarios en que se podía disponer del agua.

Años más tarde, en una visita a los pueblos galeses del Chubut, me volví a encontrar con las acequias. Y fue allí donde me contaron una particularidad que me hizo reflexionar sobre un aspecto que yo no conocía. Y es la necesidad de limpiarlas, para que su caudal no sea ilusorio sino real.

Porque puede suceder que una acequia vaya llena de agua, pero que su caudal no sea el que uno se imagina. Sobre todo esto sucede en los canales grandes, que son los centrales y que provienen directamente del río que las alimenta. Porque con el tiempo van ingresando a la canal derrumbes de tierra, o ramas que caen y la corriente arrastra quedando finalmente varadas en el fondo. Y allí se acumulan muchas cosas. Incluso puede suceder que se arrojen a la acequia objetos en desuso, y hasta objetos que se quiere hacer desaparecer. Y todo eso está, aunque no se vea. Y lo que es peor, bloquean el curso del agua y disminuyen sensiblemente su caudal.

Por eso la autoridad comunal establece en el año una semana (justo antes de la primavera) en que se cierra la toma principal y se deja en seco a los canales. Y en esos días, se los limpia con esmero, retirando de su cauce todo lo que pueda frenar el curso del agua. Y allí aparecen las cosas más extrañas, y que nadie hubiera imaginado que estarían: cocinas viejas, calefones herrumbrados, el esqueleto de alguna moto, algún animalito muerto, ramas a montones y sobre todo una inmensa variedad de residuos de plástico que no se disuelven ni se descomponen. Todo eso estaba dentro del cauce, pero no se lo veía. Cuando uno miraba la acequia desbordante de líquido pensaba que su caudal corría en plenitud. Pero no era verdad. Todo eso oculto frenaba la corriente y luego el efecto se manifestaría en las acequias menores que no tendrían el agua suficiente como para regar todo lo necesario.

La municipalidad se encarga de limpiar los canales mayores que son comunes a todos, y cada propietario tiene que hacer el mismo trabajo en los canales menores que entran en sus propiedades. Para eso se establecen esos días en los que se suspende la vida normal de las acequias. Son como una especie de parate en la vida ordinaria, a fin de que suspendiendo lo urgente, uno pueda mirar el fondo de las cosas y darse cuenta de lo real y necesario. Si esto se hace, en la primavera que se aproxima, cada uno tendrá el agua suficiente, sin dejarse engañar por las acequias llenas, pero que en el fondo de sus cauces esconden aquello que impide que la vida sea plena.

¿No sería bueno que cada comunidad y cada persona tuviera cada tanto algo parecido en su vida? De esta manera se podría mirar el fondo oculto de nuestra rutina diaria, sacando de allí todo aquello que no deja correr con libertad la riqueza de nuestra vida... o de la gracia de Dios.

La bendición de la lluvia

Se afirma con verdad que en el campo nunca es mal tiempo por lluvia. Y esto es dicho incluso por la gente que está sufriendo todo el desastre de las inundaciones en nuestra pampa húmeda.

Lo que realmente temen nuestros paisanos, es a la sequía. O la Seca, como simplemente se dice. Cuando el agua no se descuelga, y los pastizales comienzan a ponerse mustios, es doloroso ver a la animalada mugiendo y lamiendo raíces de cardo para saciar su hambre, o lo que es peor, la sed. Porque no hay pasto ni bestia que aguante la falta de agua o de humedad. Entonces se hace necesario cavar jagüeles, o buscar ese líquido vital con el caño de las bombas en las venas de la tierra. Pero cuando la seca se alarga, hasta las napas comienzan a ponerse mezquinas, y entonces la historia se vuelve tragedia.

En los tiempos de antes, tribus enteras tenían que levantar sus toldos, y comenzar interminables peregrinaciones en busca de las lagunas profundas en las que el agua lograba mantenerse. Y hubo ejércitos enteros que tuvieron que regresar diezmados y derrotados, no por las chuzas y boleadoras ranqueles, sino por la sed de los campos de tierra adentro. Porque nada era tan tremendo como enfrentar jornadas de desierto abrasados, sin una gota de agua. Cuentan los viejos que se llegó, en ocasiones, a degollar los caballos que montaban para saciar con su sangre la sed que los atormentaba.

La lluvia es siempre una bendición. Ella viene del cielo y es limpia y fresquita. Sacia la sed y riega los campos para que todo tenga vida. No hay nada más lindo que entrar en la primavera con abundancia de lluvia, para que las tierras se puedan trabajar y los sembrados se conviertan en cosechas para el verano. Y además, para el criollo, no hay música más placentera que escuchar desde la galería, cómo el aguacero golpea sobre el techo del rancho y se desborda en cascada por el alero. Entonces la mateada se alarga, y el pensamiento se sosiega alma adentro. Y la siesta no tiene apuro en su despertar. Hasta los mismos animales le dan el anca al temporal y aceptan sobre sus cuerpos sudados la caricia del agua que los renueva.

El problema de la inundación es otra cosa. La culpa no es el agua que se descuelga del cielo, sino la que los hombres dejamos que se acumule sobre la tierra. El cielo pertenece a Dios, y no depende de nosotros lo que allí pase. Es la tierra la que Él ha dado a los hombres. Y aquí sí que está nuestra responsabilidad. Nos toca a nosotros saber qué hacer con esa agua que Dios nos regala. Si dejamos que se acumule y no le damos salida, seguro que ella va a ir anegando los campos, y al estancarse, capaz que hasta le dé por descomponerse y hacerse pantano. Sobre todo cuando no cuidamos los caminos que comunican a los hombres entre sí.

Si logramos que las aguas que no necesitamos, puedan seguir corriendo en busca del mar, entonces se convertirán en arroyos, y éstos al unirse se transformarán en ríos a cuyas orillas nacerán las ciudades de los hombres. Lejos de ser causa de incomunicación, se transformarán en caminos de unión, vías de transporte, y lugares de vida y de pesca. Y recuerdo lo que me decía un amigo correntino, ingeniero hidráulico, cuando me comentaba que el caudal de los esteros del Yberá, es más o menos el mismo del Paraná. Sólo que en el primer caso la tierra retiene las aguas egoístamente para sí, mientras que en el segundo les ha abierto cauce en su camino hacia el delta, uniendo provincias y permitiendo la navegación.

Si a nuestra pampa inundada le abrimos los canales necesarios y administramos sabiamente el regalo que nos viene del cielo, no sólo volveremos a ser la pampa húmeda generosa en pan, en leche y en alimento, sino que además tendremos hermosas lagunas donde encontrar la alegría de los fines de semana. Los sauces podrán peinar sus melenas verdes en las aguas mansas de los arroyos, y los caminos volverán a ser caminos que conducen a las escuelas rurales, y permiten llegar a cada rancho anunciándole venida de las visitas con la lejana polvareda de los autos.

Y lo que digo del agua, lo digo de todo aquello que el hombre necesita para vivir, y que Dios nos ha regalado abundantemente. Cuando eso se retiene egoístamente, entonces la abundancia se convierte en problema para unos pocos y en tragedia para todos. Los pocos que tienen mucho, no sabrán qué inventar para proteger lo que no logran consumir, pero tampoco quieren compartir. Y los otros, en su desesperación por conseguir lo que necesitan angustiosamente, pueden llegar a cometer barbaridades.

La inundación de nuestras pampas se solucionaría abriendo canales y salvaguardando lagunas. Los problemas de los hombres tienen una solución parecida. Lo que en sociología se llama comunicación, en humano se llama solidaridad. Lo contrario en cristiano se llama: **egoísmo.**

Qué triste es que lo que el cielo nos regala para todos, se convierta por nuestro egoísmo en el gran drama de los hombres.

*Qué triste es que lo que el cielo
nos regala para todos,
se convierta por nuestro egoísmo
en el gran drama de los hombres.*

Los acontecimientos y la historia

Me gusta el mar. Casi todos los años busco las playas desiertas de San Clemente del Tuyú para estar en contacto con el océano. Suele ser para mis tres semanas de vacaciones en enero. En esos días me levanto temprano, y luego de matear lento, enciendo un cigarro paraguayo y gano los médanos. En el amanecer, sólo unos pocos pescadores hacen guardia junto a sus cañas de pescar, vigilando el trasmallo colocado más allá de las rompientes. Pasando la zona de los camping, ya se entra en la soledad de los arenales. El mundo de los turistas invadirá las playas cercanas a la ciudad sólo para cuando el sol caliente las arenas.

El mar suele ser distinto cada día. Todo depende del viento. Si viene del norte, las aguas se enturbian con el barro que arrastra el Río de la Plata, que termina allí en Punta Rasa, sobre la Bahía de Samborombón. Quizás por eso el indio le puso el nombre del Tuyú a esa región. Pero si los vientos soplan desde el sur, entonces las aguas se encrespan un poco, y ganando en limpidez toman un leve color verde-azulado, tan típico del océano.

Hay mañanas en las que la playa se ensancha dejando al descubierto las canaletas. Allí aparecen esos grandes caracoles que son la alegría de los turistas. Aunque para encontrarlos es necesario madrugar. Los que llegan tarde tienen que contentarse con lo que los demás desprecian. Son los días en que el mar está muy lejos de la costa. Es la bajamar.

En cambio uno puede encontrarse con que todo el océano se ha trepado por la playa, casi hasta lamer los primeros médanos. Entonces se hace difícil caminar, porque la arena es blanda y seca, ya que normalmente esa zona está expuesta al sol y a los vientos. En esos casos el mar penetra profundamente por la Ría de San Clemente y hace ponerse de pie a los viejos barcos pesqueros que duermen su sueño recostados en los cangrejales del muelle en el puerto vecino a Mundo Marino.

En tres semanas uno aprende muchas cosas del mar. Y sobre todo aprende a diferenciar entre el oleaje y la marea. Son dos cosas distintas. Pueden estar juntas o suceder en momentos diferentes. Las olas suelen ser producidas por el viento, y son lo más visible del mar. Vienen de lejos, hinchando el lomo, en larga sucesión dejando entre ellas un igual espacio de tiempo y de distancias. Al acercarse a la playa, tratan de trepar las arenas pero pierden pie en sus bases, y se desploman con ruido de trueno y espumas. Y unas se suceden a las otras. Y en el reflujo se atropellan frenando o aumentando el curso de la que viene detrás. Y en ese incesante ir y venir, forman un presente que cambia continuamente.

En cambio la marea no se nota. Pero hace que el mar suba y baje en un ritmo de respiración profunda, que invade y abandona las playas, permitiendo a los barcos entrar y salir de sus puertos. Si al oleaje se lo puede ver a simple vista, en la marea en cambio es necesario creer y saber esperar sus tiempos para ver sus resultados. Y aunque se haga difícil para el que no conoce, los marinos tienen la certeza de la marea que avanza, incluso frente a la visión del oleaje que retrocede.

Porque al oleaje lo producen los vientos, que son siempre cambiantes. En cambio son los astros quienes gobiernan las mareas.

*Porque al oleaje lo producen los vientos,
que son siempre cambiantes...*